Khalil Gibran

Der Prophet
Der Narr
Der Wanderer

Khalil Gibran

Der Prophet
Der Narr
Der Wanderer

Aus dem Englischen
von Kim Landgraf

ANACONDA

Titel der Originalausgaben:
The Prophet. New York: Alfred A. Knopf 1923
The Madman. His Parables and Poems. New York: Alfred A. Knopf 1918
The Wanderer. His Parables and His Sayings. New York: Alfred A. Knopf 1932

Die Deutsche Nationalbibliothek verzeichnet diese Publikation in der Deutschen Nationalbibliografie; detaillierte bibliografische Daten sind im Internet unter http://dnb.d-nb.de abrufbar.

Umschlagmotive: Detail einer Kachel aus der Rüstem-Paþa-Moschee, Istanbul, © iStockphoto.com / anilakduygu (Blume). Kacheln aus der Rüstem-Paþa-Moschee, Istanbul, © iStockphoto.com / Sufi70 (Hintergrund)
Umschlaggestaltung und Innenlayout: Druckfrei. Dagmar Herrmann, Köln
Satz: InterMedia, Ratingen
Printed in Czech Republic 2010
ISBN 978-3-86647-464-2
www.anacondaverlag.de
info@anaconda-verlag.de

INHALT

DER PROPHET

INHALT

DIE ANKUNFT DES SCHIFFES

Almustafa, der Auserwählte und Geliebte, seiner Tage Morgenröte, hatte in der Stadt Orphalese zwölf Jahre auf das Schiff gewartet, das wiederkommen und ihn zur Insel seiner Geburt zurückbringen sollte.

Und im zwölften Jahr, am siebten Tag des Jelul, des Monats der Ernte, stieg er auf den Hügel außerhalb der Stadtmauern und schaute hinaus aufs Meer. Und er sah sein Schiff, das mit dem Nebel kam.

Da taten sich die Tore seines Herzens auf und seine Freude flog weit hinaus auf das Meer. Und er schloss seine Augen und betete in der Stille seiner Seele.

Doch als er den Hügel hinabstieg, überkam ihn eine Traurigkeit und er dachte in seinem Herzen:

Wie soll ich in Frieden gehen und ohne Trauer? Nein, nicht ohne eine Wunde im Geist werde ich diese Stadt verlassen.

Lang waren die Tage des Schmerzes, die ich innerhalb dieser Mauern verbracht habe, und lang waren die Nächte der Einsamkeit. Und wer kann seinen Schmerz und seine Einsamkeit ohne Bedauern hinter sich lassen?

Zu viele Splitter des Geistes habe ich in diesen Straßen verstreut, und der Kinder meiner Sehnsucht sind es zu viele, die nackt durch diese Hügel laufen, und ich kann sie nicht zurücklassen, ohne die Last zu empfinden und den Schmerz.

Es ist kein Gewand, das ich heute ablege, sondern es ist eine Haut, die ich mir mit eigener Hand vom Leib reiße.

Und es ist auch kein Gedanke, den ich hinter mir lasse, sondern ein Herz so süß von Hunger und Durst.

Aber ich darf nicht länger verweilen.

Das Meer, das seinen Tribut fordert, ruft auch nach mir, und ich muss an Bord.

Denn bleiben, wenn auch die Stunden in der Nacht brennen, hieße erstarren und zu Kristall werden und in eine Gussform gefesselt zu sein.

Gerne würde ich mitnehmen alles, was hier ist. Aber wie sollte ich?

Eine Stimme kann die Zunge und die Lippen nicht mehr tragen, die ihr Flügel verliehen. Den Äther suchen muss sie allein.

Allein auch und ohne sein Nest soll der Adler fliegen zur Sonne.

Als er den Fuß des Hügels erreichte, wandte er sich wieder dem Meer zu und sah, wie sein Schiff dem Hafen sich näherte, und auf dem Vorschiff standen die Seeleute, die Männer seines eigenen Landes.

Und seine Seele schrie ihnen entgegen und er sagte:

Söhne meiner ältesten Mutter, ihr Reiter der Gezeiten,

Wie oft habt ihr meine Träume durchfahren. Und jetzt erscheint ihr in meinem Erwachen, welches mein tieferer Traum ist.

Bereit bin ich zu gehen, und mit gesetzten Segeln erwartet mein Eifer den Wind.

Nur einen letzten Atemzug werde ich in dieser unbewegten Luft noch tun, nur einen letzten liebenden Blick noch zurückwerfen.

Und dann werde ich bei euch stehen, ein Seefahrer unter Seefahrern.

Und du, endloses Meer, schlafende Mutter,

Die du allein bist Frieden und Freiheit dem Fluss und dem Strom,

Nur eine letzte Windung wird dieser Strom noch tun, nur noch ein letztes Murmeln in diesem Gletscher,

Und dann komme ich zu dir, ein grenzenloser Tropfen im grenzenlosen Ozean.

Und während er dahinschritt, sah er von Ferne, wie Männer und Frauen ihre Felder und ihre Weinberge verließen und wie sie zu den Stadttoren eilten.

Und er hörte ihre Stimmen seinen Namen rufen und wie sie schrien von Feld zu Feld und von der Ankunft seines Schiffes einander erzählten.

Und er sagte zu sich selbst:

Wird der Tag des Abschieds ein Tag der Zusammenkunft sein?

Und soll es sein, dass mein Abend in Wahrheit meine Morgenröte war?

Und was soll ich dem geben, der seinen Pflug auf dem Acker zurückließ, oder dem, der das Rad seiner Weinpresse anhielt?

Soll mein Herz ein Baum werden, schwer behangen mit Früchten, die ich ernte und an sie verteile?

Und werden meine Wünsche fließen wie eine Quelle, damit ich ihre Kelche füllen kann?

Bin ich eine Harfe, damit mich die Hand des Allmächtigen berühren kann, oder eine Flöte, damit mich sein Atem durchströmt?

Ich bin ein Sucher der Stille, und welchen Schatz habe ich in dieser Stille gefunden, den ich mit Zuversicht schenken kann?

Wenn dies nun mein Tag der Ernte ist, auf welchen Äckern habe ich den Samen gesät und in welchen vergessenen Jahreszeiten?

Wenn dies tatsächlich die Stunde ist, in der ich meine Lampe erhebe, dann ist es nicht meine Flamme, die darin brennen wird.

Leer und dunkel werde ich meine Lampe emporheben.

Und der Hüter der Nacht soll sie mit Öl füllen und sie entzünden.

All dieses sagte er mit Worten. Doch vieles in seinem Herzen blieb ungesagt. Denn er selbst konnte sein tieferes Geheimnis in Worte nicht fassen.

Und als er die Stadt betrat, strömten die Menschen herbei, ihn zu treffen, und sie riefen zu ihm wie mit einer Stimme.

Und die Stadtältesten traten vor und sagten:

Geht noch nicht von uns.

Ein Lichtblick des Mittags in unserer Dämmerung ward Ihr und Eure Jugend gab uns Träume zu träumen.

Ihr seid uns kein Fremder, kein Gast mehr, sondern Ihr seid unser Sohn und der von Herzen Geliebte.

Lasst es nicht jetzt schon zu, dass unsere Augen nach Eurem Angesicht hungern.

Und die Priester und Priesterinnen sagten zu ihm:

Lasst es nicht zu, dass die Wellen des Meeres uns heute schon trennen und dass die Jahre Erinnerung werden, die Ihr in unserer Mitte verbracht habt.

Ihr habt unter uns gelebt wie ein Geist und Euer Schatten war Licht auf unseren Gesichtern.

Wir haben Euch sehr geliebt. Doch unsere Liebe war sprachlos und mit Schleiern verhüllt.

Jetzt aber schreit sie Euch entgegen und will sich Euch unverhüllt offenbaren.

Und es war immer schon so, dass die Liebe ihre eigene Tiefe bis zur Stunde der Trennung nicht kennt.

Und auch andere kamen und flehten ihn an. Er aber antwortete nicht. Er beugte nur leise das Haupt. Und wer in seiner Nähe stand, sah, wie seine Tränen ihm auf die Brust fielen.

Und er und die Menschen gingen weiter zum großen Platz vor dem Tempel.

Und aus der heiligen Stätte trat eine Frau mit Namen Almitra. Sie war eine Seherin.

Und er sah sie mit endloser Zärtlichkeit an, denn es war sie, die als Erste nach ihm gefragt und an ihn geglaubt hatte, als er noch keinen Tag in der Stadt war.

Und sie rief ihn herbei mit den Worten:

Prophet Gottes, Sucher des Unendlichen, lange habt Ihr am Horizont Ausschau gehalten nach Eurem Schiff.

Und Euer Schiff ist jetzt da und Ihr müsst gehen.

Tief ist die Sehnsucht nach dem Land Eurer Erinnerung und nach dem Ort Eures höheren Verlangens. Und unsere Liebe soll Euch nicht binden und unsere Bedürfnisse Euch nicht halten.

Aber um eines bitten wir Euch, ehe Ihr uns verlasst, dass Ihr zu uns sprecht und uns gebt von Eurer Wahrheit.

Und wir geben es weiter an unsere Kinder und diese weiter an ihre und es soll nicht vergehen.

In Eurer Einsamkeit habt Ihr unsere Tage begleitet, und wenn Ihr wach lagt, habt Ihr dem Weinen und Lachen unseres Schlafes gelauscht.

Deshalb erzählt uns jetzt von uns selbst und berichtet von allem, was Euch gezeigt wurde, von allen Dingen, die zwischen Geburt und Tod sich ereignen.

Und er antwortete:

Ihr Menschen von Orphalese, wovon kann ich sprechen, wenn nicht von dem, was gerade jetzt eure Seelen bewegt?

VON DER LIEBE

Dann sagte Almitra: Sprecht zu uns von der Liebe.

Und er hob seinen Kopf und betrachtete die Menschen und sie wurden still. Und mit lauter Stimme sagte er:

Wenn die Liebe euch streift, so folgt ihr,

Auch wenn ihre Wege hart sind und steil.

Und wenn ihre Flügel euch umhüllen, so gebt ihnen nach,

Auch wenn das Schwert euch verwunden mag, das ihre Schwingen verbergen.

Und wenn sie zu euch spricht, so glaubt ihr,

Auch wenn ihre Stimme eure Träume zerrüttet, so wie der Nordwind euch den Garten verwüstet.

Denn wie die Liebe euch krönt, so kreuzigt sie euch. Und wie sie euch wachsen lässt, so schneidet sie euch auch zurück.

Und wie sie an euch emporsteigt und eure zartesten Triebe zärtlich umkost, die in der Sonne erzittern,

Ebenso steigt sie zu euren Wurzeln hinab und rüttelt an ihrem Halt in der Erde.

Wie Korngarben lädt sie euch auf.

Drischt euch, um euch zu entblößen.

Siebt euch, um euch von Spelzen zu befreien.

Malt euch zu gänzlicher Weiße.

Knetet euch, bis ihr gefügig seid;

Und übergibt euch dann ihrem heiligen Feuer, damit ihr zu heiligem Brot für Gottes heiliges Mahl werdet.

All diese Dinge wird die Liebe euch antun, damit ihr die Geheimnisse eures Herzens erkennt und in dieser Erkenntnis euch verwandelt in einen Teil des einen Herzens des Lebens.

Doch solltet ihr in eurer Angst nur den Frieden der Liebe und die Freuden der Liebe erstreben,

Dann ist es besser für euch, eure Blöße zu bedecken und den Dreschplatz der Liebe zu verlassen

Und die gleichmütige Welt zu betreten, in der ihr lachen sollt, aber nicht all euer Lachen, weinen sollt, aber nicht all eure Tränen.

Die Liebe gibt nichts als sich selbst und nimmt nichts als von sich selbst.

Die Liebe besitzt nicht noch kann sie besessen werden.

Denn die Liebe ist nur sich selbst, der Liebe, genug.

Wenn ihr liebt, dann solltet ihr nicht sagen: »Ich trage Gott im Herzen«, sondern eher: »Ich bin im Herzen Gottes.«

Und glaubt nicht, dass ihr den Kurs der Liebe bestimmen könnt, denn die Liebe, wenn ihr es ihr wert seid, wird euren Kurs bestimmen.

Die Liebe leitet kein anderer Wunsch, als sich selbst zu erfüllen.

Wenn ihr aber liebt und nicht anders könnt, als zu wünschen, so seien dies eure Wünsche, euer Verlangen:

Dahinzuschmelzen und zu sein wie ein sprudelnder Bach, der seine Weise der Nacht entgegensingt.

Den Schmerz zu kennen von übergroßer Zärtlichkeit.

Verletzt zu sein von eurem eigenen Verstehen der Liebe.

Und willig und freudvoll zu bluten.

Zu erwachen am Morgen mit einem beflügelten Herzen und für einen weiteren Tag der Liebe zu danken.

Um die Mittagszeit zu ruhen und die Ekstase der Liebe zu überdenken.

In der Abenddämmerung voller Dankbarkeit nach Hause zurückzukehren.

Und dann zu schlafen mit einem Gebet für die Lieben im Herzen und einem Lobgesang auf den Lippen.

VON DER EHE

Dann sprach Almitra erneut und sagte: Und was ist mit der Ehe, Meister?

Und er antwortete und sagte:

Ihr wurdet zusammen geboren und ihr werdet für immer zusammen sein.

Ihr werdet zusammen sein, wenn die weißen Schwingen des Todes eure Tage verstreuen.

Ja, ihr werdet zusammen sein auch in der stillen Erinnerung Gottes.

Aber gebt eurer Gemeinsamkeit Freiräume.

Und lasst die Winde des Himmels zwischen euch tanzen.

Liebt euch, doch macht keine Fesseln aus der Liebe:

Lasst sie ein wogendes Meer sein zwischen den Ufern eurer Seelen.

Füllt einander die Kelche, doch trinkt nicht aus einem.

Gebt einander von eurem Brot, doch esst nicht vom selben Laib.

Singt und tanzt miteinander und freut euch, aber lasst jeden von euch auch allein sein,

So wie die Saiten einer Laute allein sind, obwohl sie doch schwingen in ein und derselben Musik.

Gebt eure Herzen, doch nicht in die Obhut des andern.

Denn nur die Hand des Lebens vermag eure Herzen zu halten.

Und steht beieinander, doch nicht zu nah.

Denn die Säulen des Tempels stehen getrennt,

Und der Eichbaum und die Zypresse wachsen nicht einer im Schatten des anderen.

VON DEN KINDERN

Und eine Frau, die einen Säugling an ihrer Brust hielt, sagte: Sprecht zu uns von den Kindern.

Und er sagte:

Eure Kinder sind nicht eure Kinder.

Sie sind die Söhne und Töchter der Sehnsucht des Lebens nach sich selbst.

Sie kommen durch euch, aber nicht von euch.

Und wenn sie auch mit euch sind, so sind sie dennoch nicht euer Besitz.

Ihr dürft ihnen eure Liebe schenken, aber nicht eure Gedanken,

Denn sie haben ihre eigenen Gedanken.

Ihr dürft ihren Körpern ein Zuhause geben, aber nicht ihren Seelen,

Denn ihre Seelen wohnen im Haus der Zukunft und das könnt ihr nicht betreten, nicht einmal in euren Träumen.

Ihr dürft bestrebt sein, ihnen zu gleichen, aber versucht nicht, sie euch gleich zu machen.

Denn das Leben schreitet nicht rückwärts noch verweilt es im Gestern.

Ihr seid der Bogen, von dem eure Kinder wie lebendige Pfeile ausgeschickt werden.

Der Schütze sieht das Ziel auf dem Pfad der Unendlichkeit und Er ist es, der euch mit Seiner Kraft spannt, damit Seine Pfeile schnell und weit fliegen.

Lasst es euch zur Freude geschehen, dass die Hand des Schützen euch spannt;

Denn wie Er den Pfeil liebt, der fliegt, so liebt er genauso den Bogen, der bleibt.

VOM GEBEN

Dann sagte ein Reicher: Sprecht zu uns vom Geben.

Und er antwortete:

Ihr gebt nur wenig, wenn ihr von euren Besitztümern gebt.

Nur wenn ihr von euch selbst gebt, ist es wahrhaftiges Geben.

Denn was sind eure Besitztümer anderes als Dinge, die ihr bewahrt und bewacht aus Angst, dass ihr sie morgen noch braucht?

Und morgen, was bringt schon das Morgen dem ach so gescheiten Hund, der seine Knochen vergräbt im spurlosen Sand, während er den Pilgern zur Heiligen Stadt folgt?

Und was ist Angst vor der Not, wenn nicht selbst bereits Not?

Ist nicht die Furcht vor dem Durst, wenn dein Brunnen gefüllt ist, der wahrhaft unstillbare Durst?

Es gibt solche, die geben nur wenig von dem vielen, das sie besitzen – und sie geben es um des Ansehens willen und ihr verborgenes Verlangen verdirbt ihre Gaben.

Und es gibt solche, die haben wenig und geben alles.

Sie glauben an das Leben und an die Fülle des Lebens und ihre Truhe ist niemals leer.

Es gibt solche, die mit Freude geben, und diese Freude ist ihr Lohn.

Und es gibt solche, die unter Schmerzen geben, und dieser Schmerz ist ihre Taufe.

Und es gibt solche, die geben und den Schmerz beim Geben nicht kennen. Sie streben weder nach Freude noch geben sie unter Bedacht auf ihre Tugend.

Sie geben, wie in jenem Tal dort die Myrte ihren Duft dem Kosmos entgegenhaucht.

Durch die Hände dieser Menschen spricht Gott und aus ihren Augen lächelt Er auf die Erde hinab.

Es ist gut zu geben, wenn man gefragt wird, doch besser noch ist es, ungefragt zu geben, aus Verstehen.

Und für den, der mit offenen Händen gibt, ist die Suche nach einem, der empfängt, eine größere Freude als das Geben selbst.

Und gibt es irgendetwas, das ihr zurückhalten würdet?

Alles, was ihr besitzt, wird eines Tages gegeben.

Deshalb gebt jetzt, damit die Zeit des Gebens eure Zeit ist und nicht die eurer Erben.

Ihr sagt oft: »Ich würde geben, aber nur denen, die es verdienen.«

Die Bäume in eurem Garten sagen das nicht und auch nicht die Herden auf eurer Weide.

Sie geben, um zu leben, denn zurückhalten hieße vergehen.

Wer seiner Tage und Nächte würdig ist, ist sicher auch würdig, von euch alles andere zu empfangen.

Und wer es verdient, aus dem Meer des Lebens zu trinken, verdient es auch, seinen Kelch in eurem Bach zu füllen.

Und welcher Verdienst könnte größer sein als der, der im Mut und im Vertrauen, ja in der Barmherzigkeit des Empfangens verborgen liegt?

Und wer seid ihr, dass Menschen gewaltsam ihr Herz öffnen und ihren Stolz euch enthüllen, damit ihr Wert nackt vor euch liegt und ihr Stolz bar jeder Scham?

Gebt nur erst Acht, dass ihr selbst es verdient, ein Gebender zu sein und ein Werkzeug des Gebens.

Denn in Wahrheit ist es das Leben, das dem Leben gibt – während ihr selbst, die ihr euch für Gebende haltet, nur Zeugen seid.

Und ihr, die ihr empfangt – und ihr seid sämtlich Empfangende –, bürdet euch nicht die Last der Dankbarkeit auf oder ihr zwängt euch selbst in ein Joch und genauso den Gebenden.

Steigt lieber gemeinsam mit dem Gebenden auf seinen Gaben empor wie auf Flügeln.

Denn seid ihr euch eurer Schuldigkeit zu sehr bewusst, dann zweifelt ihr am Großmut desjenigen, der die freiherzige Erde zur Mutter und Gott zum Vater hat.

VOM ESSEN UND TRINKEN

Dann sagte ein Alter, ein Gastwirt: Sprecht zu uns vom Essen und Trinken.

Und er sagte:

Wenn ihr nur leben könntet vom Duft der Erde und gleich einer Blume der Luft getragen sein vom Licht.

Da ihr aber töten müsst, um zu essen, und dem neugeborenen Leben die Muttermilch raubt, um euren Durst zu stillen, so macht daraus zumindest einen Akt der Verehrung,

Und aus eurer Tafel macht einen Altar, auf dem die Reinheit und die Unschuld der Wälder und Ebenen geopfert wird für das, was im Menschen reiner und noch einmal unschuldiger ist.

Wenn ihr ein Tier tötet, dann sagt ihm in eurem Herzen:

»Dieselbe Macht, die dich erschlägt, wird auch mich erschlagen. Und auch ich werde verzehrt werden.

Denn das Gesetz, das dich mir an die Hand gab, wird mich einer mächtigeren Hand ausliefern.

Dein Blut und mein Blut sind nichts als der Saft, der den Himmelsbaum nährt.«

Und wenn ihr einen Apfel zwischen euren Zähnen zermalmt, dann sagt ihm in eurem Herzen:

»Deine Kerne werden in meinem Körper leben,

Und die Knospen deiner Zukunft werden in meinem Herzen erblühen,

Und dein Duft wird mein Atem,

Und gemeinsam werden wir jubeln durch alle Jahreszeiten.«

Und im Herbst, wenn ihr die Trauben eures Weinberges einsammelt und zur Weinpresse tragt, dann sagt in eurem Herzen:

»Auch ich bin ein Weinberg und meine Früchte werden gesammelt und zur Presse getragen,

Und wie junger Wein werde auch ich in ewigen Fässern gelagert.«

Und wenn ihr im Winter den Wein kostet, lasst im Herzen ein Lied für jeden Becher erklingen.

Und an die Tage des Herbstes und an den Weinberg und an die Presse soll in diesem Lied Erinnerung mitschwingen.

VON DER ARBEIT

Dann sagte ein Pflüger: Sprecht zu uns von der Arbeit.

Und er antwortete und sagte:

Ihr arbeitet, um mit der Erde Schritt zu halten und mit der Seele der Erde.

Denn müßig zu sein bedeutet, dem Wandel der Zeiten sich zu entfremden und zu verlassen die Pfade des Lebens, das in Würde und stolzer Unterwerfung der Unendlichkeit entgegenschreitet.

Wenn ihr arbeitet, seid ihr eine Flöte, durch deren Herz sich das Flüstern der Stunden verwandelt und zu Musik wird.

Wer von euch wollte ein Rohr sein, schweigsam und stumm, wenn alles andere singt, gemeinsam im Einklang?

Man hat euch immer gesagt, das die Arbeit ein Fluch sei und alle Mühsal ein Unglück.

Ich aber sage euch, dass ihr mit eurer Arbeit einen Teil des kühnsten Traums der Erde erfüllt, euch überantwortet bei der Geburt dieses Traums,

Und wenn ihr euch der Mühsal ergebt, so liebt ihr in Wahrheit das Leben,

Und durch Arbeit das Leben zu lieben bedeutet, vertraut zu sein mit dem innersten Geheimnis des Lebens.

Wenn ihr aber in eurem Schmerz die Geburt ein Übel und die Erhaltung des Fleisches einen Fluch nennt, der eure Stirn zeichnet, dann antworte ich, dass nichts als der Schweiß auf eurer Stirn das, was geschrieben steht, wegwaschen soll.

Man hat euch ebenfalls gesagt, dass das Leben Dunkelheit sei, und in eurer Schwachheit gebt ihr wieder, was die Schwachen gesagt haben.

Ich aber sage euch, dass das Leben tatsächlich Dunkelheit ist, es sei denn, da ist Verlangen,

Und alles Verlangen ist blind, es sei denn, da ist Wissen,

Und alles Wissen ist eitel, es sei denn, da ist Arbeit,

Und alle Arbeit ist leer, es sei denn, da ist Liebe.

Und wenn ihr mit Liebe arbeitet, bindet ihr euch an euch selbst und aneinander und an Gott.

Und was bedeutet es, mit Liebe zu arbeiten?

Es bedeutet, ein Tuch zu weben mit Fäden, die ihr eurem Herzen entnehmt, als wäre dies Tuch zum Gewand eurer Geliebten bestimmt.

Es bedeutet, ein Haus mit Hingebung zu bauen, als wäre dies Haus zur Wohnung eurer Geliebten bestimmt.

Es bedeutet, mit Zärtlichkeit zu säen und mit Freude zu ernten, als wären die Früchte zum Essen für eure Geliebte bestimmt.

Es bedeutet, allem, was ihr unternehmt, den Atem eures Geistes zu verleihen

Und zu wissen, dass all die gesegneten Toten um euch stehen und euch beobachten.

Oft habe ich euch sagen hören, als sprächet ihr im Schlaf: »Wer mit Marmor arbeitet und im Stein die Gestalt seiner eigenen Seele entdeckt, ist nobler als der die Erde pflügt.

Und wer nach dem Regenbogen greift, um ihn in Gestalt eines Menschen auf Leinwand zu bannen, ist mehr als der die Sandalen für unsere Füße näht.«

Ich aber sage euch, nicht im Schlaf, sondern in der strahlenden Wachheit des Mittags, dass der Wind zu den riesigen Eichen nicht süßer spricht als zum Geringsten aller Grashalme.

Und der allein ist groß, der die Stimme des Windes in ein Lied verwandelt, das durch seine Liebe an Süße gewinnt.

Arbeit ist sichtbare Liebe.

Und wenn ihr mit Liebe nicht arbeiten könnt, sondern nur widerwillig, dann ist es besser, ihr lasst eure Arbeit und hockt am Eingang des Tempels und nehmt die Almosen derer, die mit Freude arbeiten.

Denn wenn ihr mit Gleichgültigkeit Brot backt, dann backt ihr ein bitteres Brot, das nur den halben Hunger stillt.

Und wenn ihr grollend die Trauben zertretet, dann träufelt euer Groll Gift in den Wein.

Und wenn ihr auch singt wie die Engel, aber das Singen nicht liebt, dann verschließt ihr das Ohr des Menschen gegen die Stimmen des Tages und die Stimmen der Nacht.

VON FREUDE UND LEID

Dann sagte eine Frau: Sprecht zu uns von Freude und Leid.

Und er antwortete:

Eure Freude ist euer entschleiertes Leid.

Und eben der Brunnen, aus dem euer Lachen emporsteigt, war oft auch gefüllt mit euren Tränen.

Und wie kann es anders sein?

Je tiefer das Leid sich in euer Leben gräbt, desto mehr Freude könnt ihr in euch aufnehmen.

Ist nicht der Krug, der euren Wein trägt, eben der Krug, der im Ofen des Töpfers gebrannt wurde?

Und ist nicht die Laute, die eure Sinne beschwichtigt, aus eben dem Holz, das mit Messern gehöhlt wurde?

Wenn ihr fröhlich seid, schaut tief in euer Herz und ihr werdet erkennen, dass nur, was euch Leid gab, Freude euch schenkt.

Wenn ihr traurig seid, schaut abermals tief in euer Herz und ihr werdet sehen, dass ihr in Wahrheit um das weint, was eure Freude einst war.

Manche von euch sagen: »Freude ist größer als Leid«, und andere sagen: »Nein, Leid ist das größere.«

Ich aber sage euch, sie sind untrennbar.

Sie kommen gemeinsam, und wenn das eine allein mit euch am Tisch sitzt, vergesst nicht, dass das andere in eurem Bett schläft.

Wahrlich, es ist so, ihr schwingt wie zwei Waagschalen zwischen eurem Leid und eurer Freude.

Nur wenn ihr leer seid, seid ihr in Ruhe und Ausgleich.

Wenn der Schatzmeister euch anhebt, um sein Gold und sein Silber zu wiegen, dann muss gewiss eure Freude oder euer Leid hier steigen oder dort fallen.

VON DEN HÄUSERN

Ein Steinmetz trat vor und sagte: Sprecht zu uns von den Häusern.

Und er antwortete und sagte:

Baut euch zuerst eine Laube aus Luft in der Wildnis, bevor ihr ein Haus baut diesseits der Stadtmauern.

Denn wie ihr am Abend nach Hause zurückkehrt, so kehrt auch der Wanderer in euch, der ewig Entfernte und Einsame, heim.

Euer Haus ist euer größerer Körper.

Es wächst in der Sonne und schläft in der Stille der Nacht. Und es hat Träume. Träumt denn euer Haus nicht? Und verlässt träumend die Stadt, um sie gegen Hain oder Hügel zu tauschen?

Ich wünschte, ich könnte eure Häuser einsammeln und in die Hand nehmen und wie ein Säer über Wald und Wiesen verstreuen.

Wären die Täler eure Straßen und Feldwege eure Gassen, ihr würdet durch Weinberge laufen, wenn ihr einander sucht, und trüget den Duft der Erde in euren Kleidern, wenn ihr einander findet.

Doch soll es jetzt noch nicht sein.

In ihrer Angst versammelten euch eure Vorväter auf zu engem Raum. Und diese Angst wird noch eine Weile andauern. Und eine Weile noch werden die Stadtmauern eure Feuerstellen von euren Feldern trennen.

Und sagt mir, Menschen von Orphalese, was verwahrt ihr in diesen Häusern? Und was beschützt ihr hinter verschlossenen Türen?

Verwahrt ihr den Frieden dort, den ruhigen Drang, der eure Kraft offenbart?

Verwahrt ihr Erinnerungen dort, dieses schimmernde Gewölbe, welches die Gipfel des Geistes überspannt?

Verwahrt ihr die Schönheit dort, welche das Herz von Dingen aus Holz und Stein zum heiligen Berg führt?

Sagt mir, verwahrt ihr solches in euren Häusern?

Oder verwahrt ihr dort nur Bequemlichkeit und die Gier nach Bequemlichkeit, dieses verstohlene Etwas, welches das Haus als Gast betritt, dann zum Gastgeber wird und schließlich zum Herrn?

Ja, und sie wird zum Bezähmer und macht mit Haken und Geißel aus euren höheren Wünschen Marionetten.

Obwohl ihre Hände aus Seide sind, ist ihr Herz aus Eisen.

Sie singt euch sanft in den Schlaf, nur um an eurer Bettkante zu stehen und die Würde des Fleisches zu verhöhnen.

Sie treibt ihren Spott mit eurem gesunden Verstand und bettet ihn in Distelwolle wie ein zerbrechliches Gefäß.

Wahrlich, die Gier nach Bequemlichkeit tötet die Leidenschaft der Seele und steht dann grinsend am Grab.

Aber ihr, Kinder des Kosmos, ihr Ruhelosen in Ruhe, euch soll man nicht festsetzen oder bezähmen.

Euer Haus soll kein Anker sein, sondern ein Mast.

Es soll kein glitzernder Firnis sein, der eine Wunde bedeckt, sondern ein Lid, welches das Auge beschützt.

Ihr sollt eure Flügel nicht falten, nur um durch Türen zu gehen, ihr sollt eure Köpfe nicht beugen, nur um nicht an die Decke zu stoßen, ihr sollt euch nicht fürchten zu atmen, nur weil die Mauern reißen und einstürzen könnten.

Ihr sollt nicht in Gräbern wohnen, welche die Toten für die Lebenden schufen.

Und auch wenn es Größe und Glanz hat, wird euer Haus euer Geheimnis nicht wahren und eure Sehnsucht nicht schützen.

Denn das Grenzenlose in euch wohnt im Haus des Himmels, dessen Tür der Frühnebel ist und dessen Fenster die Lieder und Lautlosigkeiten der Nacht.

VON DER KLEIDUNG

Und der Weber sagte: Sprecht zu uns von der Kleidung.

Und er antwortete:

Eure Kleider verhüllen von eurer Schönheit viel, doch sie verstecken das Unschöne nicht.

Und obwohl ihr in euren Gewändern die Freiheit des Eigenen sucht, mögen sie euch als Kette und Harnisch erscheinen.

Könntet ihr doch der Sonne und dem Wind mit mehr Haut und weniger Kleidung begegnen.

Denn im Sonnenlicht wohnt der Atem des Lebens und die Hand des Lebens verbirgt sich im Wind.

Manche von euch sagen: »Es ist der Nordwind, der die Kleider gewoben hat, welche wir tragen.«

Und ich sage: Ja, es war der Nordwind,

Aber die Scham war sein Webstuhl und die Ermattung der Sehnen sein Faden.

Und als die Arbeit getan war, lachte er in den Wäldern.

Vergesst nicht, dass Sittsamkeit nur ein Schild gegen das Auge der Unreinen ist.

Und wenn die Unreinen fort sind, was wäre dann Sittsamkeit anderes als eine Fessel und eine Beschmutzung des Geistes?

Und vergesst nicht, dass es die Erde entzückt, eure nackten Füße zu spüren, und dass die Winde sich danach sehnen, mit eurem Haar zu spielen.

VOM KAUFEN UND VERKAUFEN

Und ein Kaufmann sagte: Sprecht zu uns vom Kaufen und Verkaufen.

Und er antwortete und sagte:

Für euch bringt die Erde ihre Früchte hervor und es wird euch an nichts mangeln, wenn ihr nur wisst, wie ihr eure Hände füllt.

Erst im Teilen der Gaben der Erde jedoch werdet ihr Fülle und Zufriedenheit finden.

Doch nur wenn das Teilen mit Liebe geschieht und mit gütiger Gerechtigkeit, wird es die einen nicht zur Gier und die anderen nicht zum Hunger führen.

Wenn ihr Arbeiter des Meeres und der Felder und Weinberge auf dem Marktplatz den Webern und Töpfern und Gewürzhändlern begegnet –

Dann beschwört den Großen Geist der Erde, in eure Mitte zu treten und die Waage zu segnen und das Berechnen, das aufwiegt Wert gegen Wert.

Und lasst nicht zu, dass die, die nichts haben, sondern nur ihre Worte gegen eure Arbeit eintauschen wollen, teilnehmen an eurem Geschäft.

Zu diesen Männern solltet ihr sagen:

»Kommt mit uns aufs Feld oder fahrt mit unseren Brüdern aufs Meer und werft euer eigenes Netz.

Denn das Land und das Meer geben euch reichlich, wie sie auch uns gegeben haben.«

Und wenn die Sänger und Tänzer und Flötenspieler kommen – dann kauft auch von ihren Gaben.

Denn auch sie sind Sammler von Früchten und Weihrauch, und was sie bringen, wenn auch aus Träumen gewoben, ist Kleid und Nahrung für eure Seele.

Und bevor ihr den Marktplatz verlasst, versichert euch, dass niemand mit leeren Händen seiner Wege ging.

Denn der Große Geist der Erde wird nicht eher friedlich ruhen im Wind, bis die Bedürfnisse auch des Geringsten von euch gestillt sind.

VON VERBRECHEN UND STRAFE

Dann trat einer der Richter der Stadt vor und sagte: Sprecht zu uns von Verbrechen und Strafe.

Und er antwortete und sagte:

Es geschieht, wenn euer Geist mit dem Wind geht,

Dass ihr, allein und unbewacht, anderen Unrecht tut und damit euch selbst.

Und für dieses Unrecht müsst ihr am Tor des Gepriesenen klopfen und eine Zeit lang warten, ohne dass man euch beachtet.

Wie ein Ozean ist euer göttliches Selbst;

Es bleibt für immer rein.

Und wie der Äther erhebt es nur die Beflügelten.

Euer göttliches Selbst ist sogar wie die Sonne;

Es kennt nicht die Wege des Maulwurfs und sucht nicht die Schlupflöcher der Schlange.

Aber euer göttliches Selbst bewohnt nicht allein euer Dasein.

Vieles in euch ist noch Mensch und vieles in euch ist noch nicht Mensch,

Sondern ein formloses Etwas, das schlafend durch den Nebel irrt und nach seinem eigenen Erwachen sucht.

Und von dem Menschen in euch will ich nun sprechen.

Denn er ist es und nicht euer göttliches Selbst und auch nicht das Etwas im Nebel, der das Verbrechen kennt und die Bestrafung des Verbrechens.

Oftmals habe ich euch sprechen hören von einem, der Unrecht getan hat, als wäre er keiner von euch, sondern ein Fremder und Eindringling in eure Welt.

Ich aber sage euch, so wie die Heiligen und Gerechten über das Höchste nicht hinaussteigen können, das in jedem von euch ist,

So können auch die Schlechten und Schwachen nicht tiefer fallen als das Niedrigste, das auch in euch ist.

Und so wie ein einzelnes Blatt nicht gelb wird ohne das stille Wissen des ganzen Baumes,

So kann auch der Übeltäter kein Unrecht tun ohne euer aller verborgenen Willen.

Wie eine Prozession schreitet ihr gemeinsam eurem göttlichen Selbst entgegen.

Ihr seid der Weg und die Wanderer.

Und wenn einer von euch fällt, dann fällt er für die, welche nach ihm kommen, als Warnung vor dem Stolperstein.

Ja, und er fällt auch für die, welche vor ihm gehen und den Stolperstein nicht entfernt haben, obwohl sie schneller und sicherer gingen.
Und nun auch dies, wenngleich das Wort eure Herzen beschwert:

Der Ermordete ist nicht ohne Verantwortung für seine eigene Ermordung

Und der Beraubte nicht schuldlos, dass er beraubt wurde.

Der Gerechte ist nicht unschuldig an den Taten der Schlechten

Und der Reine nicht unberührt vom Tun der Verbrecher.

Ja, der Schuldige ist häufig Opfer der Geschädigten.

Und noch häufiger trägt der Verdammte die Last für die Unschuldigen und nicht Beschuldigten.

Ihr könnt das Gerechte vom Ungerechten nicht trennen und das Gute nicht vom Schlechten;

Denn im Angesicht der Sonne stehen sie nebeneinander, so wie sich der schwarze und der weiße Faden ineinander verweben.

Und wenn der schwarze Faden zerreißt, wird der Weber das ganze Tuch prüfen und genauso wird er den Rahmen in Augenschein nehmen.

Sollte einer von euch das Urteil über die untreue Ehefrau sprechen,

Dann lasst ihn auch das Herz des Ehemanns auf die Waagschale legen und dessen Seele mit gleichem Maß wiegen.

Und lasst den, der den Übeltäter peitscht, auch den Geist dessen betrachten, dem Übles geschah.

Und sollte einer von euch im Namen der Gerechtigkeit strafen und an den Baum des Bösen die Axt legen, so lasst ihn bis an seine Wurzeln schauen.

Und wahrlich, er wird dort die Wurzeln des Guten und des Schlechten, des Fruchtbaren und des Fruchtlosen finden, alle ineinander verwoben im stillen Herz der Erde.

Und ihr Richter, die ihr gerecht sein wollt,

Welches Urteil sprecht ihr über den, der ehrlich im Fleisch ist, im Geist aber ein Dieb?

Welche Strafe verhängt ihr über den, der ein Mörder ist im Fleisch, selbst aber ermordet im Geist?

Und wie erhebt ihr Anklage gegen den, der als Betrüger handelt und Schinder,

Dem aber selbst Unrecht geschah und der voller Wut ist?

Und wie wollt ihr jene bestrafen, deren Reue schon größer ist als ihre Untaten?

Ist nicht die Reue diejenige Gerechtigkeit, die genau das Gesetz fordert, dem ihr so gern dient?

Und doch könnt ihr weder den Unschuldigen Reue auferlegen noch sie dem Herzen der Schuldigen entreißen.

Nur unaufgefordert ertönt ihr Ruf in der Nacht, damit die Menschen erwachen und den Blick auf sich selbst richten.

Und ihr, die ihr verstehen wollt, was Gerechtigkeit ist, wie solltet ihr, wenn ihr nicht alle Taten im vollsten Glanz des Lichtes betrachtet?

Erst dann werdet ihr wissen, dass die Aufrechten und die Gefallenen ein und derselbe Mensch sind, der nämlich zwischen der Nacht seines formlosen Selbst und dem Tag seines göttlichen Selbst im Dämmerlicht steht,

Und dass der Kopfstein des Tempels nicht höher liegt als der unterste Stein im Fundament.

VON DEN GESETZEN

Dann sagte ein Rechtsgelehrter: Aber was ist mit unseren Gesetzen, Meister?

Und er antwortete:

Es gefällt euch, Gesetze zu machen.

Doch es gefällt euch noch mehr, sie zu brechen.

Wie Kinder am Meer, die mit Ausdauer Sandburgen bauen und sie dann lachend zerstören.

Aber während ihr Sandburgen baut, trägt das Meer weiteren Sand an die Küste, und wenn ihr sie zerstört, lacht das Meer mit euch.

Wahrlich, es ist so, das Meer lacht stets mit den Unschuldigen.

Doch was ist mit denen, für die das Leben kein Meer ist und die von Menschen gemachten Gesetze keine Sandburgen sind,

Sondern für die das Leben ein Fels ist und das Gesetz ein Meißel, mit dem sie ihn nach ihrem Ebenbild formen?

Was ist mit dem Krüppel, der die Tänzer hasst?

Was mit dem Ochsen, der sein Joch liebt und der den Elch und das Wild des Waldes für verirrt und heimatlos hält?

Was mit der alten Schlange, die ihre Haut nicht mehr abstreifen kann und alle anderen nackt und schamlos nennt?

Und was mit dem, der zeitig zum Hochzeitsgelage erscheint und seiner Wege geht, wenn er müde ist und übersättigt, und dann behauptet, dass alle Gelage Gesetzesbruch seien und alle, die teilnehmen, Gesetzesbrecher?

Was soll ich über sie sagen, wenn nicht, dass auch sie im Sonnenlicht stehen, jedoch mit dem Rücken zur Sonne?

Sie sehen nur ihre Schatten und ihre Schatten sind ihre Gesetze.

Und was ist die Sonne für sie, außer dass sie Schatten wirft?

Und was bedeutet die Anerkennung der Gesetze anderes für sie, als niederzuknien und ihre Schatten auf der Erde nachzuzeichnen?

Ihr jedoch, die ihr der Sonne entgegengeht, welche auf die Erde gezeichneten Bilder können euch halten?

Ihr, die ihr mit dem Wind geht, welche Wetterfahne soll euch den Weg weisen?

Welches Menschengesetz soll euch binden, wenn ihr euer Joch abwerft, aber nicht vor jemandes Gefängnistor?

Welche Gesetze solltet ihr fürchten, wenn ihr tanzt, nicht aber stolpert über jemandes eiserne Ketten?

Und wer sollte euch vor Gericht führen, wenn ihr euch die Kleider vom Leib reißt, sie aber niemandem im Weg liegen?

Menschen von Orphalese, ihr könnt die Trommel dämpfen und ihr könnt lösen die Saiten der Leier, aber wer soll der Lerche das Singen verbieten?

VON DER FREIHEIT

Und ein Redner sagte: Sprecht zu uns von der Freiheit.

Und er antwortete:

Am Tor dieser Stadt und zuhause am Herd habe ich euch niederfallen sehen und eure eigene Freiheit anbeten,

So wie sich Sklaven vor einem Tyrannen erniedrigen und ihn preisen, obwohl er sie schlägt.

Ja, im Tempelhain und im Schatten der Zitadelle habe ich die Freiesten von euch gesehen, wie sie ihre Freiheit trugen als Joch und als Fessel.

Und es blutete mir das Herz. Denn frei sein könnt ihr nur, wenn selbst der Wunsch nach Freiheit euch zum Knebelwerk wird und wenn ihr aufhört, von Freiheit als Ziel und als Erfüllung zu sprechen.

Ihr werdet erst dann wahrhaft frei sein, nicht wenn eure Tage ohne Sorge und eure Nächte ohne Verlangen und Schmerz vergehen,

Sondern wenn diese Dinge euer Leben umgürten und ihr euch dennoch nackt und ungebunden über sie erhebt.

Und wie solltet ihr über eure Tage und Nächte hinaus, wenn ihr die Ketten nicht sprengt, die ihr am Morgen eurer Erkenntnis der eigenen Mittagsstunde angelegt habt?

In Wahrheit ist, was Freiheit ihr nennt, die stärkste dieser Ketten, auch wenn ihre Glieder in der Sonne glitzern und eure Augen blenden.

Und sind es nicht immer nur Bruchteile eures Selbst, die ihr hingeben würdet, um eure Freiheit zu erlangen?

Wenn es ein ungerechtes Gesetz ist, das ihr abschaffen wollt, dann wurde dieses Gesetz von eigener Hand geschrieben auf eure eigene Stirn. Ihr könnt es nicht auslöschen, indem ihr eure Gesetzesbücher verbrennt oder euren Richtern die Stirn wascht, auch wenn ihr den Ozean über sie ausgießt.

Und wenn es ein Tyrann ist, den ihr entthronen wollt, so achtet zunächst darauf, dass ihr seinen Thron in euch zerstört.

Denn wie kann ein Tyrann die Freien und Stolzen beherrschen, wenn nicht durch Tyrannei in ihrer eigenen Freiheit, wenn nicht durch Scham in ihrem eigenen Stolz?

Und wenn es eine Sorge ist, die ihr abwerfen wollt, dann ist diese Sorge selbst gewählt, nicht euch auferlegt worden.

Und wenn es eine Furcht ist, die ihr zerstreuen wollt, dann lebt diese Furcht in euch selbst und jetzt in der Hand des Gefürchteten.

Wahrlich, alles befindet sich in eurem Sein in dauernder unvollständiger Umarmung, das Erhoffte und das Gefürchtete, das Abstoßende und das Geliebte, das Erstrebte und das, dem ihr hofft zu entfliehen.

All dies befindet sich in euch wie Lichter und Schatten in Paaren, die zueinander gehören.

Und wenn der Schatten sich auflöst und nicht mehr da ist, dann wird das Licht, das zurückbleibt, der Schatten eines anderen Lichts.

Und genauso wird eure Freiheit, wenn ihre Fesseln sie abstreift, die Fessel einer größeren Freiheit.

VON VERNUNFT UND LEIDENSCHAFT

Und die Priesterin sprach noch einmal und sagte: Sprecht zu uns von Vernunft und Leidenschaft.

Und er antwortete und sagte:

Eure Seele ist häufig ein Schlachtfeld, auf dem eure Vernunft und euer Verstand Krieg führen gegen eure Leidenschaft und euer Verlangen.

Ich wünschte, ich könnte der Friedensstifter in eurer Seele sein, könnte den Missklang und die Gegnerschaft der Elemente in euch verwandeln in Einklang und Melodie.

Aber wie kann ich es, wenn ihr nicht selbst gleichfalls die Friedensstifter, nein, die Liebenden seid der Elemente in euch?

Eure Vernunft und eure Leidenschaft sind Ruder und Segel eurer das Meer befahrenden Seele.

Wenn eure Segel reißen oder das Ruder zerbricht, werdet ihr auf und nieder geworfen, treibt ziellos umher oder kommt mitten auf dem Ozean zum Stillstand.

Denn die Vernunft, herrscht sie allein, ist eine beschränkende Kraft. Und die Leidenschaft, unbeaufsichtigt, ist eine Flamme, die bis zur eigenen Vernichtung brennt.

Deshalb lasst eure Seele eure Vernunft bis zur Höhe der Leidenschaft emporheben, damit sie zu singen beginnt;

Und lasst sie eure Leidenschaft mit Vernunft lenken, damit eure Leidenschaft täglich ihr eigenes Wiedererwachen durchlebt und wie der Vogel Phoenix aus der eigenen Asche emporsteigt.

Euren Verstand und euer Verlangen sollt ihr betrachten wie zwei geliebte Gäste in eurem Haus.

Sicher würdet ihr dem einen Gast nicht größere Ehre erweisen als dem anderen, denn wer aufmerksamer gegen den einen ist, verliert die Liebe und das Vertrauen von beiden.

Zwischen den Hügeln, wenn ihr im kühlen Schatten weißer Pappeln sitzt und der Frieden und die Gelassenheit ferner Felder und Wiesen sich über euch senken – dann lasst euer Herz im Stillen sagen: »Die Ruhe Gottes liegt in der Vernunft.«

Und wenn der Sturm naht und ein gewaltiger Wind durch den Wald jagt und Donner und Blitz von der Erhabenheit des Himmels künden – dann lasst euer Herz in Ehrfurcht sagen: »Gottes Bewegung liegt in der Leidenschaft.«

Und da ihr ein Atem in Gottes Sphäre und ein Blatt in Gottes Wald seid, solltet ihr ruhen mit Vernunft und euch bewegen mit Leidenschaft.

VOM SCHMERZ

Und eine Frau sprach und sagte: Erzählt uns vom Schmerz.

Und er sagte:

Euer Schmerz ist das Aufbrechen der Schale, die euer Verstehen umgibt.

So wie der Kern einer Frucht erst aufbrechen muss, um sein Herz der Sonne zu zeigen, so müsst auch ihr den Schmerz kennen.

Und könntet ihr eurem Herzen das Staunen bewahren über die täglichen Wunder eures Lebens, dann erschiene euch auch euer Schmerz nicht weniger wunderbar als eure Freude;

Und ihr würdet die wechselnden Zeiten eures Herzens erdulden, so wie ihr immer schon die Jahreszeiten ertrugt, die über eure Felder hinweggehen.

Und ihr würdet die Winter eures Kummers mit Gelassenheit überstehen.

Ein Großteil eures Schmerzes ist selbst gewählt.

Es ist der bittere Trank, mit dem der Arzt in euch das kranke Selbst kuriert.

Deshalb vertraut dem Arzt und trinkt seinen Heiltrank in Ruhe und Frieden:

Denn seine Hand, wenn auch bleiern und hart, wird geführt von der zärtlichen Hand des unsichtbaren Gottes,

Und der Krug, den er bringt, auch wenn er eure Lippen verbrennt, ist geformt aus dem Lehm, den der Töpfer selbst mit Seinen heiligen Tränen befeuchtet hat.

VON DER ERKENNTNIS DES SELBST

Und ein Mann sagte: Sprecht zu uns von der Erkenntnis des Selbst.

Und er antwortete und sagte:

Eure Herzen kennen im Stillen die Geheimnisse der Tage und der Nächte.

Doch eure Ohren dürstet nach dem Klang des Wissens eurer Herzen.

Ihr wollt in Worten wissen, was in Gedanken ihr immer schon wusstet.

Ihr wollt mit den Fingern berühren den nackten Körper eurer Träume.

Und es ist gut so, dass ihr es wollt.

Der verborgene Urquell eurer Seele muss aufsteigen und murmelnd ins Meer fließen;

Dann würde der Reichtum eurer unendlichen Tiefe euren Augen enthüllt.

Aber versucht euren unbekannten Reichtum nicht auf Waagen zu wiegen;

Und sucht nicht die Tiefe eures Wissens mit Stab oder Lot zu messen.

Denn das Selbst ist ein Meer ohne Grenzen und Maß.

Sagt nicht: »Ich habe die Wahrheit gefunden«, sagt besser: »Ich habe eine Wahrheit gefunden.«

Sagt nicht: »Ich habe den Pfad der Seele entdeckt«, sagt besser: »Mir ist die Seele auf meinem Pfad begegnet.«

Denn die Seele geht auf allen Pfaden.

Die Seele geht weder einen geraden Weg noch wächst sie wie ein Schilfrohr.

Die Seele entfaltet sich wie eine Lotusblüte mit ihren zahllosen Blättern.

VON DER ERZIEHUNG

Dann sagte ein Lehrer: Sprecht zu uns von der Erziehung.

Und er sagte:

Niemand kann euch enthüllen, was nicht im Dämmerlicht eures Wissens schon schlummert.

Der Lehrer, welcher inmitten seiner Schüler im Schatten des Tempels wandelt, gibt nicht von seiner Weisheit, sondern er gibt von seinem Vertrauen und seiner Liebe.

Wenn er wahrhaft weise ist, heißt er euch nicht, das Haus seiner eigenen Weisheit zu betreten, sondern er führt euch an die Schwelle eures eigenen Geistes.

Der Sternkundige mag zu euch sprechen von seinem Verständnis des Kosmos, aber er kann euch sein Verständnis nicht geben.

Der Musiker mag zu euch singen vom Rhythmus, welcher den Kosmos durchschwingt, aber er kann euch das Ohr, das den Rhythmus erfasst, und die Stimme, die ihn zurückwirft, nicht geben.

Und wer bewandert ist in der Erforschung der Zahlen, vermag aus den Gebieten von Maß und Gewicht zu erzählen, aber dort hinführen kann er euch nicht.

Denn die Vision des einen, leiht ihre Flügel dem anderen nicht.

Und genau so, wie jeder von euch vor Gottes Wissen allein dasteht, so ist jeder von euch auch allein mit seinem Wissen von Gott und seinem Verständnis der Erde.

VON DER FREUNDSCHAFT

Und ein junger Mann sagte: Sprecht zu uns von der Freundschaft.

Und er antwortete und sagte:

Euer Freund ist die Antwort auf eure Bedürfnisse.

Er ist euer Feld, das ihr mit Liebe sät und mit Dankbarkeit erntet.

Und er ist eure Speise und euer Herd.

Denn ihr geht zu ihm mit eurem Hunger und sucht ihn auf, wenn euch nach Frieden verlangt.

Wenn euer Freund sich euch öffnet, fürchtet ihr weder das Nein in euch selbst noch haltet ihr das Ja zurück.

Und wenn er schweigt, hört euer Herz nicht auf, seinem Herzen zu lauschen;

Denn wo Freundschaft ist, werden alle Gedanken, alle Wünsche, alle Erwartungen ohne Worte geboren und geteilt, mit Freude, die den Beifall nicht sucht.

Wenn ihr Abschied nehmt von eurem Freund, dann trauert ihr nicht;

Denn was ihr am meisten an ihm liebt, kann in seiner Abwesenheit klarer hervortreten, so wie der Berg von der Ebene aus dem Bergsteiger klarer erscheint.

Und lasst es nicht zu, dass die Freundschaft einem Zweck dient, es sei denn der Vertiefung des Geistes.

Denn Liebe, die nur bestrebt ist, das eigene Geheimnis zu enthüllen, ist keine Liebe, sondern ein ausgeworfenes Netz, das nur das Nutzlose fängt.

Und bewahrt euer Bestes stets für euren Freund.

Wenn er die Ebbe eurer Gezeiten kennen soll, dann lasst ihn auch teilhaben an eurer Flut.

Denn was ist der Freund für euch, dass ihr ihn aufsucht, um euch die Zeit zu vertreiben?

Sucht ihn immer nur auf, um die Zeit mit ihm zu durchleben.

Denn es ist seine Aufgabe, eure Bedürfnisse zu befriedigen, nicht aber eure Leere zu füllen.

Und lasst die Süße der Freundschaft mit Lachen erfüllt sein und mit geteilten Freuden.

Denn im Tau der kleinen Dinge findet das Herz seinen Morgen und ist erfrischt.

VOM REDEN

Und dann sagte ein Gelehrter: Sprecht vom Reden.
Und er antwortete und sagte:

Ihr redet, wenn ihr aufhört, mit euren Gedanken im Reinen zu sein;

Und wenn ihr in der Einsamkeit eures Herzens nicht länger zu Hause sein könnt, lebt ihr auf euren Lippen, und Laute sind Ablenkung und Zeitvertreib.

Und in einem Großteil eures Redens ist das Denken halb erstickt.

Denn der Gedanke ist ein Vogel des Alls, der in einem Käfig aus Worten zwar seine Flügel entfalten, aber nicht fliegen kann.

Es gibt unter euch jene, die es aus Angst vor dem Alleinsein zu den Redseligen hinzieht.

Die Stille des Alleinseins lässt sie ihr nacktes Selbst erkennen und sie wollen fliehen.

Und es gibt jene, die reden und dabei ohne Wissen und Voraussicht eine Wahrheit enthüllen, die sie selbst nicht verstehen.

Und es gibt jene, die die Wahrheit in sich tragen, sie aber nicht in Worte fassen.

In der Brust von diesen wohnt der Geist in rhythmischer Stille.

Wenn ihr euren Freund auf dem Markt oder am Straßenrand trefft, dann lasst den Geist in euch eure Lippen bewegen und eure Zunge führen.

Lasst die Stimme in eurer Stimme zum Ohr seines Ohrs sprechen;

Denn seine Seele wird die Wahrheit eures Herzens bewahren, wie man den Geschmack des Weines erinnert.

Wenn die Farbe längst vergessen und das Gefäß nicht mehr da ist.

VON DER ZEIT

Und ein Sternkundiger sagte: Meister, was ist mit der Zeit?

Und er antwortete:

Ihr wollt die Zeit, die Maßlose und die Unmessbare, messen.

Ihr wollt euer Tun und gar den Weg eures Geistes den Stunden und Zeiten anpassen und sie nach ihnen richten.

Aus der Zeit wollt ihr einen Strom machen, an dessen Ufern ihr sitzt und seinem Fließen zuschaut.

Doch das Zeitlose in euch weiß von der Zeitlosigkeit des Lebens,

Und es weiß, dass jedes Gestern nur die Erinnerung und jedes Morgen nur der Traum des Heutigen ist.

Und dass das, was in euch singt und betrachtet, noch immer in den Grenzen jenes ersten Augenblicks lebt, welcher die Sterne im Kosmos verteilte.

Wer von euch fühlt nicht, dass seine Kraft zu lieben grenzenlos ist?

Und dennoch: Wer fühlt nicht, dass eben diese Liebe, wenn auch grenzenlos, verschlossen liegt im innersten Kern des eigenen Seins und weder von Liebesgedanke zu Liebesgedanke noch von Liebestat zu Liebestat fortschreitet?

Und ist nicht die Zeit wie die Liebe, ungeteilt und schrittelos?

Und wenn ihr die Zeit in Gedanken schon teilen müsst in Zeiten, so lasst jede einzelne Zeit alle anderen umfassen,

Und lasst das Heute die Vergangenheit mit Erinnerung und die Zukunft mit Sehnsucht umarmen.

VON GUT UND BÖSE

Und einer der Stadtältesten sagte: Sprecht zu uns von Gut und Böse.

Und er antwortete:

Ich kann nur vom Guten in euch sprechen, nicht vom Bösen.

Denn was ist das Böse, wenn nicht das Gute, das von seinem eigenen Hunger und Durst schmerzlich bedrängt wird?

Wahrlich, wenn das Gute hungrig ist, sucht es sogar in dunklen Höhlen nach Nahrung, und wenn es durstig ist, trinkt es sogar aus toten Gewässern.

Ihr seid gut, wenn ihr eins mit euch selbst seid.

Aber wenn ihr nicht eins mit euch selbst seid, seid ihr nicht böse.

Denn ein geteiltes Haus ist keine Diebeshöhle, es ist nur ein geteiltes Haus.

Und ein Schiff ohne Ruder mag zwischen gefährlichen Inseln ziellos umhertreiben, aber es sinkt nicht auf den Grund.

Ihr seid gut, wenn ihr danach strebt, von euch selbst zu geben.

Aber ihr seid nicht böse, wenn ihr danach strebt, für euch selbst zu nehmen.

Denn wenn ihr danach strebt, zu nehmen, dann seid ihr nur eine Wurzel, die sich an die Erde klammert und an ihrer Brust saugt.

Gewiss kann die Frucht zur Wurzel nicht sagen: »Seid wie ich, reif und voll, und gebt immer von eurem Überfluss.«

Denn für die Frucht ist das Geben ein Bedürfnis, und das Empfangen ist ein Bedürfnis der Wurzel.

Ihr seid gut, wenn ihr beim Sprechen hellwach seid,

Aber ihr seid nicht böse, wenn ihr schlaft und eure Zunge absichtslos lallt.

Und sogar stotterndes Sprechen kann eine schwache Zunge stärken.

Ihr seid gut, wenn ihr mit festen und mutigen Schritten eurem Ziel entgegengeht.

Aber ihr seid nicht böse, wenn ihr darauf zuhinkt.

Auch wer hinkt, geht nicht zurück.

Aber ihr, die ihr stark seid und schnell, achtet darauf, vor den Lahmen nicht zu hinken und solches für Freundlichkeit zu halten.

Ihr seid gut auf vielfache Weise und ihr seid nicht böse, wenn ihr nicht gut seid.

Ihr seid nur träge und treibt euch herum.

Es ist bedauerlich, dass die Hirsche den Schildkröten nicht Schnelligkeit beibringen können.

In eurer Sehnsucht nach eurem größeren Selbst liegt eure Güte. Und diese Sehnsucht ist in euch allen.

Aber in manchen von euch ist diese Sehnsucht ein reißender Strom, der dem Meer mit Macht entgegeneilt und die Geheimnisse der Hügel und die Gesänge der Wälder mit sich trägt.

Und in anderen ist sie ein ruhiger Bach, der sich in Winkeln und Biegungen verliert, bevor er die Küste erreicht.

Aber lasst den, der sich nach viel sehnt, nicht zu dem, der sich nach wenig sehnt, sagen: »Warum bist du langsam und unsicher?«

Denn die wahrhaft Guten fragen weder die Nackten: »Wo sind eure Kleider?« noch die ohne Dach sind: »Was geschah mit eurem Haus?«

VOM GEBET

Dann sagte eine Priesterin: Sprecht zu uns vom Gebet.

Und er antwortete und sagte:

Ihr betet in eurer Verzweiflung und Not. Ich wünschte, ihr würdet auch beten, wenn ihr von Freude erfüllt seid und an den Tagen, die reich euch beschenken.

Denn was ist das Gebet anderes als die Entfaltung eurer selbst in den lebendigen Äther hinein?

Und wenn es euch tröstet, eure Dunkelheit in den endlosen Raum zu ergießen, dann spendet es auch Freude, das Erwachen eures Herzens strömen zu lassen.

Und wenn ihr nicht anders könnt als zu weinen, wenn eure Seele euch zum Gebet ruft, dann soll sie euch trotz der Tränen wieder und wieder so lange bedrängen, bis ihr lacht.

Wenn ihr betet, dann steigt ihr empor, um in den Lüften denen zu begegnen, die zur selben Stunde ebenfalls beten und denen ihr anders als im Gebet nie begegnen würdet.

Deshalb besucht diesen unsichtbaren Tempel für nichts als Ekstase und süße Zwiesprache.

Denn wenn ihr den Tempel mit keinem anderen Ziel betretet als zu fordern, so werdet ihr nicht empfangen:

Und wenn ihr den Tempel betretet, um euch zu demütigen, so werdet ihr nicht erhoben:

Oder gleichfalls, wenn ihr den Tempel betretet, um für das Wohl von anderen zu bitten, so werdet ihr nicht erhört.

Es ist genug, wenn ihr den unsichtbaren Tempel betretet.

Ich kann euch nicht lehren, in Worten zu beten.

Gott hört nicht auf eure Worte, es sei denn, Er Selbst spricht sie durch eure Lippen.

Und ich kann euch das Gebet der Meere und der Wälder und der Berge nicht lehren.

Aber ihr Kinder der Berge und der Wälder und der Meere könnt ihrer Gebete in eurem Herzen gewahr werden,

Und wenn ihr lauscht in der Stille der Nacht, dann hört ihr sie schweigend sagen:

»Unser Gott, der du unser geflügeltes Selbst bist, es ist euer Wille in uns, der will.

Es ist dein Verlangen in uns, das verlangt.

Es ist dein Drang in uns, der unsere Nächte, die dein sind, in Tage verwandelt, die dein sind.

Wir können dich um nichts bitten, denn du kennst unsere Bedürfnisse, bevor sie in uns erwachen:

Du bist unser Bedürfnis. Und indem du uns mehr von dir selbst gibst, gibst du uns alles.«

VON DER FREUDE

Dann trat ein Einsiedler vor, der einmal im Jahr die Stadt besuchte, und sagte: Sprecht zu uns von der Freude.

Und er antwortete und sagte:
Freude ist ein Lied der Freiheit,
Aber sie ist nicht die Freiheit selbst.
Sie ist die Blüte eures Verlangens,
Aber nicht dessen Frucht.
Sie ist eine Tiefe, die zur Höhe hinaufruft,
Aber sie ist nicht das Tiefe oder das Hohe selbst.
Sie ist das Gefangene auf Flügeln,
Aber sie umspannt nicht den Kosmos.

Ja, in aller Wahrheit, Freude ist ein Lied der Freiheit.

Und gerne sollt ihr es singen aus ganzem Herzen; aber ihr dürft euer Herz in diesem Gesang nicht verlieren.

Manche von euren jungen Leuten streben nach Freude, als wäre sie alles. Und man wird über sie richten und sie zurückweisen.

Ich würde nicht über sie richten und sie zurückweisen. Ich würde sie suchen lassen.

Denn sie sollen Freude finden, aber nicht sie allein:

Sieben Schwestern hat die Freude, und die Geringste von ihnen ist schöner als sie.

Habt ihr nicht von dem Mann gehört, der in der Erde nach Wurzeln grub und einen Schatz fand?

Und manche von euren Älteren erinnern sich an die Freuden mit Reue wie an ein Unrecht, das man trunken beging.

Aber Reue ist eine Trübung des Geistes und nicht seine läuternde Strafe.

Sie sollten sich ihrer Freuden dankbar erinnern, wie sie es auch mit der Ernte eines Sommers tun.

Doch wenn es sie tröstet, zu bereuen, so lasst sie getröstet werden.

Und es sind unter euch solche, die weder jung sind und suchen, noch alt und sich erinnern.

Und in ihrer Angst vor der Suche und der Erinnerung meiden sie alle Freuden, um den Geist nicht zu vernachlässigen oder ihn zu beleidigen.

Doch selbst ihren Verzicht empfinden sie als Freude.

Und so finden auch sie einen Schatz, obgleich sie mit zitternden Händen nach Wurzeln graben.

Aber sagt mir, wer ist es, der den Geist beleidigen kann?

Soll die Nachtigall die Stille der Nacht oder der Leuchtkäfer die Sterne beleidigen?

Und soll eure Flamme oder euer Rauch dem Wind eine Bürde sein?

Denkt ihr, der Geist sei ein ruhiger Tümpel, den ihr mit eurem Stab einfach aufwühlen könnt?

Wenn ihr euch Freude versagt, so tut ihr oftmals nichts anderes, als das Verlangen tief in eurem Sein zu verstecken.

Wer weiß, ob nicht das, was ihr heute versäumt, morgen schon auf euch wartet?

Sogar euer Körper kennt sein Erbe und was ihm rechtmäßig zusteht und er lässt sich nicht täuschen.

Und euer Körper ist die Harfe eurer Seele.

Und es liegt an euch, ob ihr der Harfe süße Musik oder wirres Getöne entlockt.

Und jetzt fragt ihr in eurem Herzen: »Wie sollen wir das Gute an der Freude vom Schlechten unterscheiden?«

Geht auf eure Felder und in eure Gärten und ihr werdet lernen, dass die Freude der Biene darin besteht, Honig von den Blüten zu sammeln,

Aber es ist auch die Freude der Blüte, ihren Honig der Biene zu geben.

Denn für die Biene ist die Blüte ein Brunnen des Lebens,

Und für die Blüte ist die Biene ein Bote der Liebe,

Und für beide, Biene und Blüte, ist das Geben und Empfangen von Freude ein Bedürfnis und Ekstase.

Menschen von Orphalese, seid in euren Freuden wie Blüten und Bienen.

VON DER SCHÖNHEIT

Und ein Dichter sagte: Sprecht zu uns von der Schönheit.

Und er antwortete:

Wo sollt ihr Schönheit suchen und wie sollt ihr sie finden, wenn sie nicht selbst euer Weg ist und euch leitet?

Und wie sollt ihr von ihr sprechen, wenn sie nicht selbst die Fäden eurer Rede spinnt?

Die Betrübten und Verletzten sagen: »Schönheit ist freundlich und sanft.

Wie eine junge Mutter, sich ihrer eigenen Herrlichkeit nur vage bewusst, schreitet sie zwischen uns hin.«

Und die Leidenschaftlichen sagen: »Nein, Schönheit ist machtvoll und fürchterlich.

Sie erschüttert die Erde unter uns und den Himmel über uns wie ein Sturm.«

Und die Müden und Erschöpften sagen: »Schönheit ist ein sanftes Flüstern. Sie spricht in unserem Geist.

Ihre Stimme nähert sich unserem Schweigen wie ein schwaches Licht, zitternd aus Angst vor dem Schatten.«

Und die Ruhelosen sagen: »Wir haben sie schreien hören in den Bergen,

Und mit ihren Schreien kam das Donnern der Hufe und das Schlagen der Flügel und das Gebrüll der Löwen.«

Die Wächter der Stadt sagen abends: »Mit der Dämmerung von Osten her soll die Schönheit erwachen.«

Und mittags sagen die Arbeiter und die Wanderer: »Wir sahen, wie sie sich aus den Fenstern der Abenddämmerung über die Erde lehnte.«

Im Winter sagen die Eingeschneiten: »Mit dem Frühling wird sie kommen und über die Hügel springen.«

Und in der Hitze des Sommers sagen die Schnitter: »Wir sahen sie mit den Herbstblättern tanzen und wir sahen Schneestaub in ihrem Haar.«

All dies habt ihr von der Schönheit gesagt.

Doch in Wahrheit war nicht die Rede von ihr, sondern von unbefriedigten Bedürfnissen,

Und Schönheit ist kein Bedürfnis, sie ist Ekstase.

Sie ist kein dürstender Mund und keine ausgestreckte leere Hand,

Sondern ein entflammtes Herz und eine verzauberte Seele.

Sie ist kein Bild, das ihr seht, und kein Lied, das ihr hört,

Sondern ein Bild, das ihr selbst mit geschlossenen Augen noch seht, und ein Lied, das ihr selbst mit verschlossenen Ohren noch hört.

Sie ist nicht der Saft in der gefurchten Rinde und nicht die Schwinge an einer Klaue,

Sondern ein Garten in ewiger Blüte und ein Schwarm von Engeln in ewigem Flug.

Menschen von Orphalese, Schönheit ist Leben, wenn das Leben sein heiliges Antlitz enthüllt.

Aber das Leben seid ihr und ihr seid der Schleier.

Schönheit ist Ewigkeit, die sich im Spiegel betrachtet.

Aber die Ewigkeit seid ihr und ihr seid der Spiegel.

VON DER RELIGION

Und ein alter Priester sagte: Sprecht zu uns von Religion.

Und er sagte:

Habe ich heute von irgendetwas anderem gesprochen?

Sind nicht alle Taten und alles Denken Religion,

Und auch, was weder Tat ist noch Gedanke, sondern ein Staunen und Überraschtsein, das immer in der Seele lebt, selbst wenn die Hände Stein behauen oder den Webstuhl bedienen?

Wer kann seinen Glauben von seinen Handlungen trennen, wer seine Überzeugung von dem, was ihn beschäftigt?

Wer kann seine Stunden vor sich ausbreiten und sagen: »Dies ist für Gott und dies für mich selbst; dies für meine Seele und dies hier für meinen Körper?«

All eure Stunden sind Flügel, die sich von Selbst zu Selbst durch den Raum schwingen.

Wer seine Moral nur als bestes Kleidungsstück trägt, ginge besser nackt.

Der Wind und die Sonne werden keine Löcher in seine Haut reißen.

Und wer sein Verhalten nach ethischen Grundsätzen regelt, sperrt seinen Singvogel in einen Käfig.

Das freieste Lied dringt nicht durch Stäbe und Draht.

Und wem der Gottesdienst ein Fenster ist, das man öffnen kann, aber auch schließen, ist nie im Haus seiner Seele gewesen, dessen Fenster sich von Morgen zu Morgen erstrecken.

Euer tägliches Leben ist euer Tempel und eure Religion.

Wann immer ihr über seine Schwelle tretet, nehmt alles mit, was ihr habt.

Nehmt den Pflug mit und die Schmiede, nehmt den Hammer und die Laute,

Dinge, die ihr aus Notwendigkeit geschaffen habt oder zum Vergnügen.

Denn im Traum könnt ihr euch weder über eure Erfolge erheben noch tiefer fallen als eure Fehler.

Und nehmt die anderen mit euch:

Denn in der Verehrung könnt ihr nicht höher fliegen als ihre Hoffnungen und euch nicht weiter erniedrigen als ihre Verzweiflung.

Und solltet ihr Gott erkennen, meint deshalb nicht, die Rätsel zu lösen.

Eher schaut um euch und ihr werdet sehen, wie Er mit euren Kindern spielt.

Und schaut in den Himmel und ihr werdet sehen, wie Er in der Wolke geht, wie er in Blitzen seine Arme ausstreckt und im Regen herabsteigt.

Ihr werdet sehen, wie Er aus den Blumen hervorlächelt, aufsteigt und aus den Bäumen euch zuwinkt.

VOM TOD

Dann sprach Almitra und sagte: Wir möchten nun nach dem Tod fragen.

Und er sagte:

Ihr werdet das Geheimnis des Todes erkennen.

Aber wie wollt ihr es finden, wenn ihr es nicht sucht im Herzen des Lebens?

Die Eule, die nur bei Nacht sieht und deren Augen am Tage blind sind, kann das Mysterium des Lichts nicht enthüllen.

Wenn ihr den Geist des Todes tatsächlich schauen wollt, dann öffnet euer Herz dem Körper des Lebens ganz.

Denn Leben und Tod sind eins, genau wie der Fluss und das Meer eins sind.

In der Tiefe eurer Hoffnungen und Wünsche liegt euer stilles Wissen vom Jenseits;

Und wie die Saat, die unter dem Schnee träumt, so träumt vom Frühling auch euer Herz.

Vertraut den Träumen, denn in ihnen liegt das Tor zur Unendlichkeit verborgen.

Eure Angst vor dem Tod gleicht nur dem Zittern des Schäfers, wenn er vor dem König steht, der ihm die Hand auflegen soll, um ihn zu ehren.

Freut sich der Schäfer zitternd nicht trotzdem, dass er das Zeichen des Königs tragen soll?

Und ist ihm nicht trotzdem sein Zittern bewusster?

Denn was heißt Sterben anderes, als nackt im Wind zu stehen und mit der Sonne zu verschmelzen?

Und was heißt aufhören zu atmen anderes, als den Atem von seinem ruhelosen Wogen zu befreien, damit er emporsteigen und sich erweitern und unbelastet Gott suchen kann?

Nur wenn ihr vom Fluss der Stille trinkt, werdet ihr tatsächlich singen.

Und wenn ihr die Spitze des Berges erreicht habt, dann erst werdet ihr anfangen zu klettern.

Und wenn die Erde nach euren Gliedern verlangt, dann erst werdet ihr wahrhaft tanzen.

DER ABSCHIED DES PROPHETEN

Und jetzt war es Abend. Und Almitra, die Seherin, sagte: Gesegnet sei dieser Tag und dieser Ort und euer Geist, der gesprochen hat.

Und er antwortete: War ich es, der gesprochen hat? War ich nicht ebenfalls nur ein Zuhörer?

Dann ging er die Stufen des Tempels hinunter und alle Menschen folgten ihm. Und er erreichte sein Schiff und stand auf Deck.

Und noch einmal zu den Menschen gewandt, erhob er die Stimme und sagte:

Menschen von Orphalese, der Wind heißt mich, euch zu verlassen.

Ich habe es weniger eilig als der Wind und doch muss ich gehen.

Wir Wanderer, die wir immer den einsameren Weg suchen, beginnen keinen Tag, wo wir den andern beendet haben. Und keine Morgenröte findet uns, wo uns die Abendröte verließ.

Sogar wenn die Erde schläft, sind wir unterwegs.

Wir sind die Samen der störrischen Pflanze, und erst wenn wir reif sind und unser Herz übervoll ist, gibt sie uns frei und verstreut uns im Wind.

Meine Tage bei euch waren kurz und kürzer noch die Worte, die ich sprach.

Sollte jedoch meine Stimme in euren Ohren verhallen und meine Liebe in eurer Erinnerung vergehen, dann komme ich wieder,

Und mit einem reicheren Herzen und Lippen, dem Geist noch strenger unterworfen, werde ich sprechen.

Ja, mit den Gezeiten kehre ich wieder,

Und wenn der Tod mich versteckt und mich die größere Stille umhüllt, selbst dann noch will ich danach streben, dass ihr mich versteht.

Und nicht umsonst werde ich danach streben.

Wenn etwas Wahrheit ist, das ich gesagt habe, wird diese Wahrheit mit klarerer Stimme sich offenbaren und in Worten, die euren Gedanken näher sind.

Ich gehe mit dem Wind, Menschen von Orphalese, nicht aber hinab in die Leere;

Und wenn dieser Tag nicht die Erfüllung eurer Wünsche und meiner Liebe bedeutet, dann lasst ihn zumindest ein Versprechen bis zu einem anderen Tag sein.

Die Bedürfnisse des Menschen verändern sich, nicht aber seine Liebe und das Verlangen, dass seine Liebe seine Wünsche erfüllt.

Seid deshalb gewiss, dass ich von der größeren Stille zurückkehren werde.

Der Nebel, der sich bei Sonnenaufgang verflüchtigt und nur den Tau auf den Feldern zurücklässt, wird aufsteigen, sich in einer Wolke verdichten und als Regen niederfallen.

Und diesem Nebel war ich nicht unähnlich.

In der Stille der Nacht bin ich durch eure Straßen gegangen und mein Geist hat eure Häuser betreten,

Und eure Herzschläge spürte ich in meinem Herzen und euren Atem auf meinem Gesicht und ich kannte euch alle.

Ja, ich kannte eure Freuden und euren Schmerz, und in eurem Schlaf waren eure Träume die meinen.

Und oft war ich unter euch ein See im Gebirge.

In mir spiegelten sich die Gipfel und Hänge und sogar die vorüberziehenden Herden eurer Gedanken und eurer Wünsche.

Und in meine Stille brach das Gelächter eurer Kinder in Bächen und die Sehnsucht eurer Jugend in Flüssen.

Und als sie meine Tiefe erreichten, hörten die Bäche und Flüsse noch immer nicht auf zu singen.

Stattdessen kam Süßeres noch als Gelächter und Größeres noch als die Sehnsucht zu mir.

Es war das Grenzenlose ich euch;

Der Unermessliche, in dem ihr alle nur Zellen und Sehnen seid,

Er, in dessen Gesang all euer Singen nur ein tonloses Schluchzen ist.

Es ist in ihm, dem Unermesslichen, dass ihr unermesslich seid,

Und indem ich ihn sah, sah ich auch euch und liebte euch.

Denn welche Entfernungen kann Liebe überbrücken, die nicht in der Sphäre des Unermesslichen liegen?

Welche Visionen, welche Erwartungen und welche Ahnungen können diesen Flug überflügeln?

Wie eine riesenhafte Eiche, mit Apfelblüten übersät, ist der Unermessliche in euch.

Seine Macht fesselt euch an die Erde, sein Wohlgeruch hebt euch zum Himmel empor und in seiner Dauer seid ihr unsterblich.

Man hat euch gesagt, dass ihr, gleich einer Kette, so schwach seid wie euer schwächstes Glied.

Dies aber ist nur die halbe Wahrheit. Ihr seid auch so stark wie euch stärkstes Glied.

An eurer kleinsten Tat euch zu messen ist dasselbe, wie die Kraft des Ozeans nach der Ohnmacht seines Schaums zu berechnen.

Nach euren Misserfolgen euch zu beurteilen ist dasselbe, wie den Jahreszeiten ihre Unbeständigkeit vorzuwerfen.

Ja, ihr seid wie ein Ozean,

Und obwohl an euren Küsten Schiffe auf Sandbänken festliegen und die Flut erwarten, könnt ihr, wie der Ozean, eure Gezeiten nicht beschleunigen.

Und ihr seid auch wie die Jahreszeiten,

Und obwohl ihr in eurem Winter euren Frühling verleugnet,

Lächelt benommen der Frühling, der in euch ruht, und ist nicht verstimmt.

Glaubt nicht, ich sage dies nur, damit ihr zueinander sagen könnt: »Er hat uns sehr gelobt. Er sah nur das Gute in uns.«

Ich spreche zu euch nur in Worten von dem, was ihr selbst in Gedanken schon wisst.

Und was ist das Wortwissen anderes als nur ein Schatten des wortlosen Wissens?

Eure Gedanken und meine Worte sind Wellen eines versiegelten Gedächtnisses, das die Erinnerung an unsere Vergangenheit bewahrt,

Und an die Urzeit, als die Erde weder uns noch sich selbst kannte,

Und an die Nächte, als die Erde von Verwirrung zerwühlt war.

Weise Männer sind zu euch gekommen, um euch von ihrer Weisheit zu geben. Ich kam, um von eurer Weisheit zu nehmen:

Und seht, ich habe etwas gefunden, das größer ist als Weisheit.

Es ist ein Flammengeist in euch, der immer größer wird,

Während ihr, seiner Entfaltung nicht achtend, das Verblühen eurer Tage beklagt.

Es ist ein Leben auf der Suche nach Leben in Körpern, die das Grab fürchten.

Es gibt hier keine Gräber.

Diese Berge und Ebenen sind eine Wiege und ein Trittstein.

Wann immer ihr an dem Feld vorübergeht, wo eure Vorfahren liegen, seht genau hin und ihr werdet euch selbst und eure Kinder tanzen sehen.

Wahrlich, ihr seid oft fröhlich, ohne es zu wissen.

Andere sind zu euch gekommen, die ihr aus Gutgläubigkeit gegen goldene Versprechungen mit Reichtum und Macht und Ehre überschüttet habt.

Ich gab euch weniger als ein Versprechen und doch wart ihr zu mir noch viel großzügiger.

Ihr habt mir mein tieferes Dürsten nach Leben gegeben.

Gewiss gibt es für einen Menschen kein größeres Geschenk als das, was all seine Ziele in sengende Lippen und alles Leben in eine sprudelnde Quelle verwandelt.

Und eben darin liegt meine Ehre und mein Lohn –

Dass das lebendige Wasser selbst durstig ist, wann immer ich zur Quelle komme, um zu trinken,

Und dass es mich trinkt, während ich trinke.

Manche von euch hielten mich für stolz und zu schüchtern, um Geschenke anzunehmen.

Ja, gewiss, ich bin zu stolz, um Lohn anzunehmen, nicht aber Geschenke.

Und obwohl ich in den Hügeln Beeren aß, während ihr mich an euren Tisch laden wolltet,

Und im Säulengang des Tempels schlief, während ihr mir bereitwillig Obdach gewährt hättet,

War es da nicht eure liebende Aufmerksamkeit gegen meine Tage und Nächte, die meinem Mund das Essen versüßte und meinen Schlaf mit Traumbildern umgab?

Dafür segne ich euch am meisten:

Ihr gebt viel und wisst nicht, dass ihr überhaupt gebt.

Wahrlich, die Freundlichkeit, die sich selbst im Spiegel betrachtet, wird zu Stein,

Und eine gute Tat, die sich selbst zärtliche Namen gibt, ist die Mutter eines Fluches.

Und manche von euch nannten mich unnahbar und trunken von meiner eigenen Einsamkeit,

Und ihr habt gesagt: »Er hält Rat mit den Bäumen des Waldes, aber nicht mit den Menschen.

Er sitzt allein auf den Spitzen der Berge und schaut hinab auf unsere Stadt.«

Wahr ist, dass ich die Berge bestieg und entlegene Orte durchwanderte.

Wie hätte ich euch sehen können, wenn nicht aus großer Höhe oder aus großer Entfernung?

Wie kann jemand wirklich nahe sein, wenn er nicht fern ist?

Und andere unter euch riefen mir wortlos hinterher und sagten:

»Fremder, Fremder, Liebender unerreichbarer Höhen, warum wohnt Ihr zwischen den Gipfeln, wo die Adler ihre Nester bauen?

Warum sucht Ihr das Unerreichbare?

Welche Stürme wollt Ihr mit eurem Netz einfangen?

Und was für geheimnisvolle Vögel jagt Ihr im Himmel?

Kommt und seid einer von uns.

Steigt herab und stillt euren Hunger mit unserem Brot und löscht euren Durst mit unserem Wein.«

In der Einsamkeit ihrer Seelen sagten sie diese Dinge.

Wäre ihre Einsamkeit tiefer gewesen, sie hätten gewusst, dass ich nichts anderes suchte als das Geheimnis eurer Freude und eures Schmerzes,

Und ich jagte nur euer größeres Selbst, das den Himmel durchschreitet.

Aber der Jäger war auch der Gejagte.

Denn viele meiner Pfeile schwirrten von meinem Bogen, nur um meine eigene Brust zu treffen.

Und der Fliegende war zugleich auch der Kriechende;

Denn sobald die Sonne meine ausgestreckten Flügel beschien, war ihr Schatten auf der Erde eine Schildkröte.

Und ich, der Glaubende, war gleichzeitig auch der Zweifler;

Denn oft habe ich den Finger in meine eigene Wunde gelegt, um zu einem festeren Glauben an euch und einem größeren Wissen von euch zu gelangen.

Und es ist mit diesem Glauben und Wissen, dass ich sage:

Ihr seid in euren Körpern nicht gefangen und auch nicht auf Haus und Felder beschränkt.

Das, was ihr selbst seid, wohnt über dem Berg und geht mit dem Wind.

Es ist nichts, was in die Sonne kriecht, um sich zu wärmen, oder Löcher in die Finsternis bohrt, um sich zu schützen,

Sondern ein Freies, ein Geist, der die Erde umhüllt und sich im Äther bewegt.

Wenn diese Worte verschwommen sind, dann versucht nicht, sie zu klären.

Verschwommen und nebelhaft ist der Anfang aller Dinge, aber nicht ihr Ende,

Und ich hätte gerne, dass ihr euch an mich als einen Anfang erinnert.

Leben und alles, was lebt, entsteht im Nebel und nicht im Kristall.

Und wer weiß, ob der Kristall nicht nur ein zerfallender Nebel ist?

Daran sollt ihr euch erinnern, wenn ihr an mich denkt:

Das, was in euch am schwächsten und am verwirrtesten scheint, ist das Stärkste und das Entschlossenste.

Ist es denn nicht euer Atem, der das Gerüst eurer Knochen errichtet und gehärtet hat?

Und ist es nicht ein Traum, den geträumt zu haben sich allerdings keiner von euch erinnert, der eure Stadt gebaut und sie mit allem versehen hat, was darin ist?

Wenn ihr das Wogen des Atems doch sehen könntet, dann würde alles andere vor euren Augen verschwimmen,

Und wenn ihr das Flüstern des Traumes doch hören könntet, dann würde euer Ohr keinen anderen Laut mehr vernehmen.

Aber ihr seht nicht und ihr hört nicht und das ist gut.

Der Schleier, der eure Augen verschattet, wird von den Händen gehoben, die ihn webten,

Und der Lehm, der eure Ohren verstopft, wird von den Fingern durchstoßen, die ihn kneteten.

Und ihr werdet sehen,

Und ihr werdet hören.

Aber ihr werdet es nicht beklagen, die Blindheit gekannt zu haben, und ihr werdet es nicht bereuen, taub gewesen zu sein.

Denn ihr werdet an jenem Tag den verborgenen Sinn in allen Dingen erkennen,

Und ihr werdet die Dunkelheit preisen, so wie ihr das Licht preisen würdet.

Nachdem er das gesagt hatte, blickte er um sich und er sah den Lotsen des Schiffes am Ruder stehen und seinen Blick in diesem Moment auf die gefüllten Segel und im nächsten in die Ferne richten.

Und er sagte:

Geduldig, mehr als geduldig ist der Kapitän meines Schiffes.

Der Wind weht und ruhelos sind die Segel;

Sogar das Ruder verlangt nach Richtung;

Doch der Kapitän wartet mein Schweigen ruhig ab.

Und diese meine Seeleute, die dem Chor des größeren Meeres gelauscht haben, auch sie haben mir geduldig zugehört.

Jetzt sollen sie nicht länger warten.

Ich bin bereit.

Der Strom hat das Meer erreicht und noch einmal presst die große Mutter ihren Sohn an die Brust.

Lebt wohl, Menschen von Orphalese.

Dieser Tag ist zu Ende.

Er senkt sich über uns, wie die Wasserlilie sich bis zum nächsten Morgen verschließt.

Was uns hier gegeben wurde, werden wir bewahren,

Und wenn es nicht ausreicht, dann müssen wir uns wieder versammeln und gemeinsam unsere Hände dem Geber entgegenstrecken.

Vergesst nicht, dass ich zu euch zurückkommen werde.

Eine kleine Weile, und meine Sehnsucht wird Staub und Schaum sammeln für einen anderen Körper.

Eine kleine Weile, einen Moment der Ruhe auf den Flügeln des Windes, und eine andere Frau wird mich gebären.

Ich sage euch Lebewohl und der Jugend, die ich mit euch verbracht habe.

Es war erst gestern, dass wir uns im Traum begegneten.

Ihr habt in meiner Einsamkeit Lieder gesungen und ich habe aus euren Sehnsüchten einen Turm in den Himmel gebaut.

Doch jetzt ist unser Schlaf verflogen und unser Traum vorüber und es ist nicht länger Morgen.

Es geht auf die Mittagszeit zu und unser Halbschlaf hat sich in volleren Tag verwandelt und wir müssen uns trennen.

Sollten wir uns wieder sehen im Dämmerlicht der Erinnerung, werden wir abermals sprechen und ihr werdet ein tieferes Lied für mich singen.

Und wenn unsere Hände sich in einem anderen Traum begegnen, dann werden wir einen neuen Turm in den Himmel bauen.

Als er das sagte, gab er den Matrosen ein Zeichen und sie holten unverzüglich den Anker ein und lösten die Tampen und fuhren nach Osten.

Und ein Schrei löste sich von den Menschen wie aus einem einzigen Herzen und stieg empor in die Dämmerung und wurde wie ein mächtiger Trompetenstoß über das Meer getragen.

Nur Almitra schwieg und blickte dem Schiff nach, bis es im Dunst verschwunden war.

Und als die anderen sich zerstreut hatten, stand sie noch immer allein an der Kaimauer und erinnerte in ihrem Herzen, was er gesagt hatte:

Eine kleine Weile, einen Moment der Ruhe auf den Flügeln des Windes, und eine andere Frau wird mich gebären.

DER NARR

INHALT

WIE ICH EIN NARR WURDE

Ihr fragt mich, wie ich ein Narr wurde. Es geschah so: Eines Tages, lange bevor viele Götter geboren wurden, erwachte ich aus einem tiefen Schlaf und sah, dass alle meine Masken gestohlen worden waren – die sieben Masken, die ich sieben Leben lang gestaltet und getragen habe. Ich lief maskenlos durch die belebten Straßen und rief: »Diebe, Diebe, die verfluchten Diebe.«

Männer und Frauen lachten mich aus, und manche liefen in ihre Häuser, weil sie Angst vor mir hatten.

Und als ich den Marktplatz erreichte, rief ein Junge von einem Hausdach herunter: »Er ist ein Narr.« Ich hob den Kopf, um ihn zu sehen, und zum ersten Mal küsste die Sonne mein eigenes nacktes Gesicht. Zum ersten Mal küsste die Sonne mein eigenes nacktes Gesicht, und meine Seele entflammte in Liebe zur Sonne, und ich wollte meine Masken nicht mehr. Und wie verzückt rief ich aus: »Gesegnet und gepriesen seien die Diebe, die meine Masken stahlen.«

So bin ich zum Narren geworden.

Und ich habe sowohl Freiheit als auch Sicherheit in meinem Wahnsinn gefunden; die Freiheit des Alleinseins und das Bewahrtsein vor dem Verstandenwerden. Denn die, die uns verstehen, versklaven etwas in uns.

Aber ich will nicht allzu stolz auf diese Sicherheit sein. Auch ein Dieb im Gefängnis ist sicher vor einem anderen Dieb.

Als in uralten Tagen das erste Beben der Sprache meine Lippen erreichte, stieg ich den Heiligen Berg hinauf und sprach zu Gott: »Herr, ich bin Dein Sklave. Dein verborgener Wille ist mein Gesetz, und ich will Dir ewig gehorchen.«

Aber Gott antwortete nicht und zog wie ein mächtiger Sturm vorüber.

Und tausend Jahre später stieg ich noch einmal den Heiligen Berg hinauf und sprach zu Gott: »Schöpfer, ich bin Deine Schöpfung. Aus Lehm hast Du mich geschaffen, und Dir verdanke ich alles, was ich bin.«

Aber Gott antwortete nicht, sondern zog vorüber wie tausend rasende Schwingen.

Und tausend Jahre später stieg ich noch einmal den Heiligen Berg hinauf und sprach zu Gott: »Vater, ich bin Dein Sohn. Aus Erbarmen und Liebe hast Du mir das Leben geschenkt, und durch Liebe und Ehrfurcht werde ich Dein Königreich erben.«

Aber Gott antwortete nicht und zog wie der Nebel vorüber, der die fernen Hügel verhüllt.

Und tausend Jahre später stieg ich noch einmal den Heiligen Berg hinauf und sprach zu Gott: »Mein Gott, mein Ziel und meine Erfüllung. Ich bin Dein Gestern, und Du bist mein Morgen. Ich bin Deine Wurzel im Erdreich, und Du bist meine Blume im Himmel, und gemeinsam wachsen wir dem Antlitz der Sonne entgegen.«

Daraufhin neigte sich Gott zu mir herab und flüsterte süße Worte in mein Ohr, und wie das Meer einen Bach, der zu ihm herabfließt, umfängt, so umfing er auch mich.

Und als ich in die Täler und Ebenen hinabstieg, war Gott auch dort.

MEIN FREUND

Mein Freund, ich bin nicht, was ich scheine. Der Schein ist nur ein Kleid, das ich trage, ein Kleid aus Sorge gewoben, das mich vor deinen Fragen schützt und dich vor meiner Nachlässigkeit.

Das »Ich« in mir, mein Freund, wohnt im Haus der Stille und wird ewig darin verweilen, unerkannt, unnahbar.

Ich will nicht, dass du glaubst, was ich sage, noch dem vertraust, was ich tue, denn meine Worte sind nichts als deine Gedanken, in Sprache verwandelt, und meine Taten sind deine Hoffnung, verwandelt in Tun.

Wenn du sagst, »Der Wind bläst nach Osten«, dann sage ich, »Ja, er bläst nach Osten«, denn ich will nicht, dass du weißt, dass meine Gedanken nicht beim Wind, sondern beim Meer sind.

Du kannst mein Seefahrersehnen nicht verstehen, und ich will nicht, dass du verstehst. Ich will auf dem Meer allein sein.

Wenn für dich Tag ist, mein Freund, dann ist es Nacht bei mir. Aber selbst dann noch spreche ich vom Mittag, der auf den Hügeln tanzt, und vom purpurnen Schatten, der sich verstohlen durchs Tal schleicht. Denn du kannst die Lieder meiner Dunkelheit nicht hören und nicht sehen, wie meine Schwingen die Sterne berühren. Und ich möchte auch nicht, dass du hörst oder siehst. Ich will mit der Nacht allein sein.

Wenn du in deinen Himmel emporsteigst, fahre ich zu meiner Hölle hinab. Aber selbst dann noch rufst du mir über den unüberbrückbaren Abgrund hin zu, »Mein Gefährte, mein Begleiter«, und ich rufe zu dir zurück, »Mein Begleiter, mein Gefährte«, denn ich will nicht, dass du meine Hölle siehst. Die Flamme würde dein Augenlicht auslöschen, der Rauch deine Nase verschließen. Ich liebe meine Hölle zu sehr, als dass ich wollte, dass du sie besuchst. Ich will in der Hölle allein sein.

Du liebst die Wahrheit, die Schönheit, die Rechtschaffenheit, und um deinetwillen sage ich, es ist gut und schicklich, diese Dinge zu lieben. Doch in meinem Herzen lache ich über deine Liebe. Aber ich will nicht, dass du mein Lachen siehst. Ich will alleine lachen.

Mein Freund, du bist gut und achtsam und weise, nein, du bist vollkommen. Und auch ich spreche weise und achtsam mit dir. Und doch bin ich ein Narr. Aber ich verberge meine Narrheit. Ich will alleine Narr sein.

Mein Freund, du bist nicht mein Freund, was aber soll ich tun, dass du verstehst? Mein Weg ist nicht dein Weg, aber gemeinsam gehen wir dennoch, Hand in Hand.

DIE VOGELSCHEUCHE

Einmal sagte ich zu einer Vogelscheuche: »Du musst es müde sein, auf diesem einsamen Feld hier zu stehen.«

Und sie sagte: »Die Freude des Verscheuchens ist tief und beständig, und ich werde dessen niemals müde sein.«

Und nachdem ich kurz nachgedacht hatte, sagte ich: »Es ist wahr. Denn auch ich habe diese Freude gekannt.«

Sie sagte: »Nur wer mit Stroh ausgestopft ist, kann sie kennen.«

Dann verließ ich sie, ohne zu wissen, ob sie sich vor mir verneigt oder mich herabgesetzt hatte.

Ein Jahr verging, und währenddessen wurde die Vogelscheuche zum Philosophen.

Und als ich abermals an ihr vorüberkam, sah ich, wie unter ihrem Hut zwei Krähen ein Nest bauten.

DIE SCHLAFWANDLERINNEN

In meiner Geburtsstadt lebten eine Frau und ihre Tochter, beide wandelten in ihrem Schlaf.

Eines Nachts, als Stille die Welt umhüllte, trafen sich Mutter und Tochter, wandelnd, aber doch schlafend, in ihrem nebelverschleierten Garten.

Und die Mutter sprach und sagte: »Endlich, endlich, mein Feind! Du, durch den meine Jugend zerstört wurde, der du dein Leben errichtet hast auf den Trümmern des meinen! Ich wollte, ich könnte dich töten!«

Und die Tochter sprach und sagte: »Oh, du abscheuliche, alte, selbstsüchtige Frau! Die zwischen mir und meinem freieren Selbst steht! Die mein Leben zu einem Echo ihres eigenen, welken Lebens machen wollte! Ich wollte, du wärest tot!«

In diesem Augenblick krähte ein Hahn, und beide Frauen erwachten. Die Mutter sprach sanft: »Bist du es, mein Herz?« Und die Tochter antwortete sanft: »Ja, liebe Mutter.«

DER WEISE HUND

Eines Tages kam ein weiser Hund an einer Gruppe von Katzen vorüber.

Und als er näher kam und sah, dass sie in ihr Spiel sehr vertieft waren und ihm keine Beachtung schenkten, blieb er stehen.

Dann erhob sich aus ihrer Mitte eine große, würdevolle Katze, sah auf die anderen herab und sagte: »Brüder, ihr sollt beten. Und wenn ihr gebetet und nochmals gebetet habt und an nichts mehr zweifelt, wahrlich, dann wird es Mäuse regnen.«

Und als der Hund das hörte, lachte er in sich hinein und wandte sich ab und sagte: »Oh, ihr blinden, närrischen Katzen, steht es denn nicht geschrieben und ist es nicht mir und meinen Vätern längst bekannt, dass das, was durch Gebete, Glaube und Flehen herabregnet, nicht Mäuse, sondern Knochen sind?«

DIE ZWEI EINSIEDLER

Auf einem einsamen Berg lebten zwei Einsiedler, die Gott verehrten und einander liebten.

Diese beiden Einsiedler hatten eine irdene Schale, und das war ihr einziger Besitz.

Eines Tages schlich sich ein böser Geist in das Herz des älteren Einsiedlers, und er ging zu dem jüngeren und sagte: »Wir haben lange zusammengelebt. Die Zeit ist gekommen, dass wir uns trennen. Lass uns unsere Besitztümer teilen.«

Das machte den jüngeren Einsiedler traurig, und er sagte: »Es betrübt mich, Bruder, dass du mich verlassen willst. Doch wenn du gehen musst, dann sei es«, und brachte die irdene Schale, gab sie ihm und sagte: »Wir können sie nicht teilen, Bruder, sie sei dein.«

Da sagte der ältere Einsiedler: »Ich lasse keine Almosen gelten. Ich nehme nur, was mir gehört. Es muss geteilt werden.«

Und der Jüngere sagte: »Wenn die Schale zerbrochen wird, welchen Nutzen hat sie dann noch für dich oder mich? Wenn dir damit gedient ist, dann lass uns lieber das Los ziehen.«

Aber der ältere Einsiedler sagte noch einmal: »Ich will allein Gerechtigkeit und nur, was mir gehört, und ich werde weder die Gerechtigkeit noch was mir gehört dem eitlen Zufall überlassen. Die Schale muss geteilt werden.«

Da wusste der jüngere Einsiedler nicht mehr, wie er ihn überzeugen sollte, und er sagte: »Wenn es tatsächlich dein Wunsch ist und wenn du es trotz allem so willst, dann lass uns die Schale jetzt zerbrechen.«

Doch das Gesicht des älteren Einsiedlers verfinsterte sich gewaltig, und er rief: »Oh, du verfluchter Feigling, du willst nicht einmal kämpfen.«

ÜBER DAS GEBEN UND NEHMEN

Es lebte einmal ein Mann, der besaß ein ganzes Tal voller Nadeln. Und eines Tages kam die Mutter Jesu zu ihm und sagte: »Freund, das Kleid meines Sohnes ist zerrissen, und ich muss es unbedingt flicken, bevor er in den Tempel geht. Willst du mir nicht eine Nadel geben?«

Er aber gab ihr keine Nadel, sondern hielt ihr einen gelehrten Vortrag über das Geben und Nehmen, damit sie ihrem Sohn etwas brächte, bevor er in den Tempel ging.

DIE SIEBEN SEELEN

In der lautlosesten Stunde der Nacht, als ich im Halbschlaf dalag, saßen meine sieben Seelen beieinander und sprachen flüsternd folgenderweise:

Erste Seele: Hier, in diesem Narren, habe ich all diese Jahre gelebt und hatte nichts zu tun, als am Tage seinen Schmerz zu erneuern und bei Nacht seinem Kummer Erholung zu gewähren. Ich kann mein Schicksal nicht länger ertragen, jetzt begehre ich auf.

Zweite Seele: Deins ist das bessere Los, Bruder, denn ich muss die fröhliche Seele dieses Narren sein. Ich lache sein Lachen und singe seine glücklichen Stunden und tanze mit dreifach beflügelten Füßen seine glänzenderen Gedanken. Ich bin es, die gegen mein schales Dasein aufbegehren sollte.

Dritte Seele: Und was ist mit mir, der liebestollen Seele, der flammenden Fackel wilder Leidenschaft und überschäumender Begierden? Ich bin es, die liebeskranke Seele, die gegen diesen Narren aufbegehren sollte.

Vierte Seele: Am erbärmlichsten von euch allen geht es mir, denn nichts ist mir überlassen als stinkender Hass und zerstörerische Abscheu. Ich bin es, die sturmgleiche Seele, die in den schwarzen Höhlen der Hölle geborene, die sich weigern sollte, diesem Narren weiter zu dienen.

Fünfte Seele: Nein, ich bin es, die denkende Seele, die schöpferische, die Seele des Hungers und des Durstes, die dazu verdammt ist, ruhelos umherzuwandern und das Unbekannte, Unerschaffene zu suchen. Ich bin es, nicht ihr, die aufbegehren sollte.

Sechste Seele: Und ich, die tätige Seele, die mitleidsvolle Arbeiterin, die mit geduldiger Hand und sehnsuchtsvollem Blick die Tage zu Bildern formt und den gestaltlosen Elementen neue, ewige Formen schenkt, ich bin es, die einsame Seele, die gegen diesen rastlosen Narren aufbegehren sollte.

Siebente Seele: Wie seltsam, dass ihr alle gegen diesen Mann aufbegehren wollt, denn jede Einzelne von euch hat ein vorherbestimmtes Schicksal zu erfüllen. Ach, könnte ich nur wie eine von euch sein, eine Seele mit festgelegtem Los. Doch ich habe kein Los, ich bin die Nichtstuer-Seele, die im dumpfen, leeren, zeitlosen Nirgendwo sitzt, während ihr damit beschäftigt seid, das Leben neu zu erschaffen. Seid ihr es, Gefährtinnen, oder bin ich es, die aufbegehren sollte?

Als die siebente Seele so sprach, sahen die anderen sechs sie mitleidig an und sagten von da an nichts mehr. Und als die Nacht sich weiter senkte, legte sich eine nach der anderen schlafen, von neuer und glücklicher Demut umhüllt.

Doch die siebente Seele blieb wach und starrte weiter ins Nichts, das hinter allen Dingen liegt.

KRIEG

Eines Abends wurde im Palast ein großes Festmahl gegeben, und es erschien ein Mann, der sich vor dem Fürsten zu Boden warf, und alle Gäste sahen ihn an. Sie sahen, dass ihm ein Auge fehlte und dass die leere Augenhöhle blutete. Und der Fürst fragte ihn: »Was ist mit dir geschehen?« Und der Mann antwortete: »Oh Fürst, ich bin von Beruf ein Dieb, und heute Nacht, weil kein Mond stand, ging ich los, um den Laden des Geldwechslers auszurauben, und als ich durch das Fenster stieg, machte ich einen Fehler und kletterte in die Werkstatt des Webers. Und in der Dunkelheit lief ich in den Webstuhl, und es riss mir das Auge heraus. Und nun, oh Fürst, ersuche ich um Gerechtigkeit gegen den Weber.«

Da schickte der Fürst nach dem Weber, er kam, und es erging der Erlass, dass ihm ein Auge ausgerissen werden sollte.

»Oh Fürst«, sagte der Weber, »der Erlass ist gerecht. Es ist richtig, dass mir ein Auge genommen wird. Und doch, bei Gott, ich brauche beide, damit ich beide Seiten sehen kann von dem Stoff, an dem ich webe. Aber ich habe einen Nachbarn, einen Schuster, der ebenfalls zwei Augen hat und der für seine Arbeit nicht beide braucht.«

Da schickte der Fürst nach dem Schuster. Der Schuster kam. Und sie rissen ihm eins der beiden Augen heraus.

Und so kam Gerechtigkeit zustande.

DER FUCHS

Ein Fuchs betrachtete bei Sonnenaufgang seinen Schatten und sagte: »Ich will heute Mittag ein Kamel verspeisen.« Und den ganzen Morgen lief er herum und suchte nach Kamelen. Doch am Mittag sah er noch einmal seinen Schatten – und sagte: »Eine Maus wird reichen.«

DER WEISE KÖNIG

Einst herrschte in der fernen Stadt Wirani ein König, der zugleich mächtig und weise war. Er wurde gefürchtet ob seiner Macht und geliebt ob seiner Weisheit.

Nun gab es im Herzen jener Stadt einen Brunnen, dessen Wasser kühl und klar war wie Kristall, aus dem alle Bewohner tranken, auch der König und seine Höflinge, denn es gab keinen anderen Brunnen.

Eines Nachts, als alle schliefen, kam eine Hexe in die Stadt und goss sieben Tropfen seltsamer Flüssigkeit in den Brunnen und sagte: »Wer von dieser Stunde an von diesem Wasser trinkt, der soll verrückt werden.«

Am nächsten Morgen tranken alle Bewohner außer dem König und seinem Kämmerer aus dem Brunnen und wurden verrückt, genau wie die Hexe es vorausgesagt hatte.

Und den ganzen Tag über taten die Leute in den engen Gassen und auf den Marktplätzen nichts anderes, als einander zuzuflüstern: »Der König ist verrückt. Unser König und sein Kämmerer haben den Verstand verloren. Wir können auf keinen Fall von einem verrückten König regiert werden. Wir müssen ihn entthronen.«

Am selben Abend befahl der König, dass ein goldener Becher mit Wasser aus dem Brunnen gefüllt wird. Und als man ihm den Becher brachte, tat er einen tiefen Schluck und gab ihn auch seinem Kämmerer, um daraus zu trinken.

Und es war eine große Freude in der fernen Stadt Wirani, denn ihr König und sein Kämmerer hatten ihren Verstand zurück.

EHRGEIZ

Drei Männer trafen sich an einem Tisch in einer Schenke. Der eine war Weber, der andere Zimmermann und der dritte ein Pflüger.

Da sagte der Weber: »Ich habe heute für zwei Goldstücke ein feines Totenhemd aus Leinen verkauft. Lasst uns so viel Wein trinken, wie wir wollen.«

»Und ich«, sagte der Zimmermann, »habe meinen besten Sarg verkauft. Wir essen einen großen Braten zu dem Wein.«

»Ich habe lediglich ein Grab geschaufelt«, sagte der Pflüger, »aber mein Herr hat mich doppelt dafür bezahlt. Lasst uns dazu auch Honigkuchen essen.«

Und den ganzen Abend ging es in der Schenke hoch her, denn immer wieder bestellten sie Wein und Braten und Kuchen und waren fröhlich.

Und der Wirt rieb sich die Hände und lächelte seiner Frau ins Gesicht. Denn die Gäste gaben reichlich.

Als sie die Schenke verließen, stand der Mond hoch, und sie liefen singend und rufend die Straße hinunter.

Der Wirt und seine Frau standen in der Tür ihrer Schenke und sahen ihnen nach.

»Ach«, sagte die Frau, »diese Herren! So freigebig und so lustig! Ach, brächten sie uns nur jeden Tag solches Glück! Dann müsste unser Sohn kein Schankwirt sein und so hart arbeiten. Wir könnten ihn zur Schule schicken, und er könnte Priester werden.«

DIE NEUE FREUDE

Letzte Nacht habe ich eine neue Freude erfunden, und als ich sie zum ersten Mal beging, stürmten ein Engel und ein Teufel zu meinem Haus. Sie trafen sich vor meiner Tür und rangen miteinander über meine neu erschaffene Freude. Der eine rief: »Es ist eine Sünde!« – der andere: »Es ist eine Tugend!«

DIE ANDERE SPRACHE

Drei Tage nach meiner Geburt, als ich in meiner seidenen Wiege lag und mit großem Erstaunen die neue Welt um mich betrachtete, sprach meine Mutter mit der Säugamme und sagte: »Wie geht es meinem Kind?«

Und die Säugamme antwortete: »Es geht ihm gut, gnädige Frau, ich habe ihn dreimal gefüttert, und nie zuvor sah ich ein Baby, das so jung und doch so fröhlich ist.«

Und ich war empört, und ich rief: »Das ist nicht wahr, Mutter, denn mein Bett ist hart, und die Milch, die ich trank, schmeckte bitter, und ein übler Gestank steigt von der Brust in meine Nase, und es geht mir höchst erbärmlich.«

Doch weder meine Mutter noch die Amme verstanden, denn meine Sprache war die der Welt, aus der ich kam.

Und am einundzwanzigsten Tag meines Lebens, als ich getauft wurde, sagte der Priester zu meiner Mutter: »Ihr könnt Euch wahrhaft glücklich schätzen, gnädige Frau, dass Euer Sohn als Christ geboren wurde.«

Und ich war überrascht und sagte zu dem Priester: »Dann ist Eure himmlische Mutter im Unglück, denn Ihr wurdet nicht als Christ geboren.«

Doch auch der Priester verstand meine Sprache nicht.

Und sieben Monate später besah mich eines Tages ein Wahrsager, und er sagte zu meiner Mutter: »Dein Sohn wird ein bedeutender Staatsmann und ein großer Führer der Menschen.«

Ich aber rief: »Das ist eine falsche Prophezeiung. Denn ich werde Musiker, und nichts als ein Musiker werde ich sein.«

Doch selbst in diesem Alter wurde meine Sprache nicht verstanden – und mein Erstaunen war groß.

Und nach dreiunddreißig Jahren, in denen meine Mutter, die Amme und der Priester alle gestorben sind (möge Gott ihre Seelen beschützen), lebt der Wahrsager noch immer. Und gestern traf ich ihn nahe beim Tor des Tempels, und während wir so sprachen, sagte er: »Ich habe immer gewusst, dass aus dir ein großer Musiker werden würde. Noch als du ein Säugling warst, habe ich deine Zukunft geweissagt und prophezeit.«

Und ich glaubte ihm – denn inzwischen habe auch ich die Sprache jener anderen Welt vergessen.

DER GRANATAPFEL

Als ich einst im Herzen eines Granatapfels lebte, hörte ich einen der Kerne sagen: »Eines Tages wird aus mir ein Baum, und der Wind wird in meinen Zweigen singen, und die Sonne wird auf meinen Blättern tanzen, und ich werde stark und schön sein, durch alle Jahreszeiten hindurch.«

Dann sprach ein anderer Kern und sagte: »Als ich so jung war wie du, habe ich auch so gedacht. Doch nun, wo ich alles ermessen und die Dinge abwägen kann, sehe ich, dass meine Hoffnungen leer waren.«

Und auch ein dritter Kern sprach: »Ich kann nichts in uns entdecken, das so eine große Zukunft verspricht.«

Und ein vierter sagte: »Doch was wäre unser Leben für ein Hohn ohne eine größere Zukunft!«

Und ein fünfter sagte: »Warum darüber streiten, was wir sein werden, wenn wir nicht einmal wissen, was wir sind.«

Aber ein sechster antwortete: »Was immer wir sind, wir werden es weiterhin sein.«

Und ein siebenter sagte: »Ich habe solch eine klare Vorstellung davon, wie alles sein wird, aber ich kann sie nicht in Worte fassen.«

Dann sprachen ein achter, ein neunter, ein zehnter und dann viele, bis sie alle durcheinander sprachen und ich ob der vielen Stimmen nichts mehr verstand.

Also begab ich mich an eben diesem Tag in das Herz einer Quitte, wo es nur wenige, fast stumme Kerne gibt.

DIE ZWEI KÄFIGE

Im Garten meines Vaters stehen zwei Käfige. In einem lebt ein Löwe, den die Sklaven meines Vaters aus der Wüste von Ninive hierher gebracht haben, in dem anderen lebt ein Spatz, der nicht singt.

Jeden Tag im Morgengrauen ruft der Spatz zum Löwen hinüber: »Einen schönen guten Morgen, lieber Gefängnisbruder.«

DIE DREI AMEISEN

Es trafen sich drei Ameisen auf der Nase eines Mannes, der schlafend in der Sonne lag. Und nachdem sie einander begrüßt hatten, jede nach der Art und Sitte ihres Stammes, standen sie da und unterhielten sich.

Die erste Ameise sagte: »Diese Hügel und Ebenen sind die kargsten, die mir je begegnet sind. Ich habe den ganzen Tag nach irgendeinem Korn gesucht, und ich kann nirgends eins entdecken.«

Da sagte die zweite Ameise: »Auch ich habe nichts gefunden, obwohl ich jeden Winkel und jede Lichtung abgesucht habe. Dies wird das Land sein, welches mein Volk das weiche, wandernde nennt, das Land, auf dem nichts wächst.«

Dann hob die dritte Ameise den Kopf und sagte: »Meine Freunde, wir stehen in diesem Augenblick auf der Nase der Höchsten Ameise, der mächtigen, unendlichen Ameise, deren Körper so groß ist, dass wir ihn nicht sehen können, deren Schatten so gewaltig ist, dass wir ihm nicht nachgehen können, deren Stimme so laut ist, dass wir sie nicht hören können, und Sie ist allgegenwärtig.«

Und als die dritte Ameise so sprach, sahen sich die anderen beiden an und lachten.

In diesem Augenblick bewegte sich der Mann, hob im Schlaf die Hand und kratzte sich die Nase, und die drei Ameisen wurden zerquetscht.

DER TOTENGRÄBER

Einst, als ich eine meiner toten Seelen begrub, trat der Totengräber zu mir hin und sagte: »Von allen, die hierher kommen, um zu begraben, bist du der Einzige, den ich mag.«

Ich sagte: »Das freut mich außerordentlich, aber warum magst du mich so?«

»Weil die anderen«, sagte er, »weinend hierher kommen und weinend wieder gehen. Du bist der Einzige, der lachend kommt und lachend geht.«

AUF DEN STUFEN DES TEMPELS

Gestern Abend, auf den marmornen Stufen des Tempels, sah ich eine Frau, die zwischen zwei Männern saß. Die eine Seite ihres Gesichtes war blass, die andere errötete.

DIE SELIGE STADT

In meiner Jugend erzählte man mir, dass in einer bestimmten Stadt alle Menschen nach der Heiligen Schrift leben.

Und ich sagte: »Ich will diese Stadt und ihre Seligkeit suchen.« Der Weg war weit, und ich traf große Vorsorge für meine Reise. Und nach vierzig Tagen erblickte ich die Stadt, und am einundvierzigsten Tag trat ich durch ihr Tor.

Und siehe! Von sämtlichen Bewohnern dieser Stadt hatte jeder nur ein einziges Auge und nur eine Hand. Und ich war erstaunt und sprach zu mir selbst: »Haben alle Bewohner dieser so heiligen Stadt wirklich nur ein Auge und eine Hand?«

Dann sah ich, dass auch sie erstaunt waren, denn sie wunderten sich sehr über meine zwei Hände und zwei Augen. Und als sie miteinander sprachen, trat ich fragend auf sie zu und sagte: »Ist dies wirklich die Selige Stadt, wo jeder nach der Heiligen Schrift lebt?« Und sie sagten: »Ja, das ist diese Stadt.«

»Und was«, fragte ich, »ist euch widerfahren? Wo sind eure rechten Augen und eure rechten Hände?«

Und all diese Leute waren gerührt. Und sie sagten: »Kommt und seht.«

Und sie führten mich zum Tempel in der Mitte der Stadt. Und im Tempel sah ich einen Berg von Händen und Augen. Alle verdorrt. Dann sagte ich: »Oh weh! Welcher Eroberer hat diese Grausamkeit an euch verübt?«

Und es ging ein Raunen durch die Menge. Und einer der Älteren trat vor und sagte: »Dies haben wir selbst getan. Gott hat uns zu Siegern über das Böse gemacht, das in uns war.«

Und er führte mich zu einem Hochaltar, und all die Leute folgten uns. Und er zeigte mir eine gemeißelte Inschrift über dem Altar, und ich las:

»Wenn dein rechtes Auge sich gegen dich versündigt, dann reiß es aus und wirf es von dir. Denn es ist besser für dich, dass eins deiner Glieder verderbe und nicht der ganze Leib in die Hölle geworfen werde. Und wenn deine rechte Hand sich gegen dich versündigt, dann haue sie ab und wirf sie von dir. Denn es ist besser für dich, dass eins deiner Glieder verderbe und nicht der ganze Leib in die Hölle fahre.«

Dann verstand ich. Und ich drehte mich um zu all diesen Leuten und rief: »Hat wirklich kein Mann und keine Frau unter euch zwei Augen oder zwei Hände?«

Und sie antworteten mir und sagten: »Nein, nicht einer. Niemand von uns ist ganz, außer denen, die noch zu jung sind, um die Heilige Schrift zu lesen und ihre Gesetze zu verstehen.«

Und als wir aus dem Tempel heraustraten, verließ ich augenblicklich jene Selige Stadt. Denn ich war nicht zu jung, und ich war in der Lage, die Heilige Schrift zu lesen.

DER GUTE UND DER BÖSE GOTT

Der gute und der böse Gott trafen sich auf der Spitze des Berges.

Der gute Gott sagte: »Einen guten Tag Euch, Bruder.«

Der böse Gott antwortete nicht.

Und der gute Gott sagte: »Ihr seid übel gelaunt heute.«

»Ja«, sagte der böse Gott, »denn in letzter Zeit wurde ich oft mit Euch verwechselt, man rief mich bei Eurem Namen und behandelte mich, als sei ich der Gute, und das missfällt mir.«

Und der gute Gott sagte: »Aber auch ich wurde mit Euch verwechselt, und man rief mich bei Eurem Namen.«

Der böse Gott ging davon und verfluchte die Dummheit der Menschen.

»UNSIEG«

Unsieg, mein Unsieg, meine Einsamkeit und
meine Ferne,
Du bist mir lieber als tausend Triumphe
Und meinem Herzen süßer als aller Ruhm der
Welt.

Unsieg, mein Unsieg, meine Selbsterkenntnis und
mein Trotz,
Ich weiß durch dich, dass ich noch jung und
leichtfüßig bin
Und nicht in die Falle verwelkender
Lorbeeren gerate.
Und in dir nur habe ich Alleinsein gefunden
Und die Freude, gemieden und verachtet zu werden.

Unsieg, mein Unsieg, mein glänzendes Schwert
und mein Schild,
In deinen Augen las ich,
Dass gekrönt versklavt zu werden
Und dass verstanden erniedrigt zu werden
bedeutet,

Und dass begriffen zu werden nur bedeutet, seine
Fülle zu erreichen
Und wie eine reife Frucht zu fallen und
verspeist zu werden.

Unsieg, mein Unsieg, mein kühner Begleiter,
Du sollst meine Lieder hören, meine Schreie und
mein Schweigen,
Und niemand außer dir soll vom Schlagen der
Flügel mir sprechen
Und vom Drängen der Meere
Und vom Brennen der Berge bei Nacht,
Und du allein sollst meine steile, felsige Seele
erklimmen.

Unsieg, mein Unsieg, mein unsterblicher Mut,
Du und ich gemeinsam werden lachen mit dem
Sturm,
Und gemeinsam schaufeln wir die Gräber für alle,
die in uns sterben,
Und in der Sonne werden wir stehen mit einem
Willen,
Und wir werden gefährlich sein.

DIE NACHT UND DER NARR

Ich bin wie du, oh Nacht, dunkel und nackt. Ich gehe den flammenden Pfad, der über meinen Tagträumen liegt, und wann immer mein Fuß die Erde berührt, sprießt ein riesiger Eichbaum hervor.«

»Nein, du bist nicht wie ich, oh Narr, denn du schaust noch immer zurück, um zu sehen, wie groß die Fußspur ist, die du im Sand zurücklässt.«

»Ich bin wie du, oh Nacht, schweigsam und tief. Und im Herzen meiner Einsamkeit liegt eine Göttin im Kindbett, und in dem, den sie gebiert, berührt der Himmel die Hölle.«

»Nein, du bist nicht wie ich, oh Narr, denn du erschauderst noch vor dem Schmerz, und der Gesang des Abgrunds erfüllt dich mit Schrecken.«

»Ich bin wie du, oh Nacht, wild und furchtbar. Denn meine Ohren sind erfüllt von den Schreien eroberter Völker und den Seufzern vergessener Länder.«

»Nein, du bist nicht wie ich, oh Narr, denn du hältst dein kleines Zwergen-Ich noch immer für einen Begleiter, und mit deinem Riesen-Ich kannst du keine Freundschaft schließen.«

»Ich bin wie du, oh Nacht, grausam und schrecklich. Denn meine Brust wird erleuchtet von brennenden Schiffen auf See, und meine Lippen sind nass vom Blut erschlagener Krieger.«

»Nein, du bist nicht wie ich, oh Narr, denn noch immer brennt in dir die Sehnsucht nach einer verwandten Seele, und du bist dir noch nicht selbst Gesetz.«

»Ich bin wie du, oh Nacht, freudig und froh. Denn er, der meinen Schatten bewohnt, ist jetzt trunken von jungem Wein, und sie, die mir hinterhergeht, sündigt heiter.«

»Nein, du bist nicht wie ich, oh Narr, denn deine Seele ist in den siebenfältigen Schleier gehüllt, und dein Herz hältst du nicht in der Hand.«

»Ich bin wie du, oh Nacht, geduldig und berauscht. Denn tausend tote Liebende sind in meiner Brust begraben, liegen dort in Totenhemden welker Küsse.«

»Wahrhaftig, Narr, bist du wie ich? Bist du wie ich? Und reitest den Sturm wie ein Ross und packst den Blitz wie ein Schwert?«

»Wie du, oh Nacht, wie du, mächtig und erhaben, und mein Thron ist auf Sockeln gefallener Götter errichtet. Und auch an mir schreiten die Tage vorüber, um den Saum meines Kleides zu küssen und mir niemals ins Gesicht zu sehen.«

»Bist du wie ich, du Kind meines dunkelsten Herzens? Und denkst meine ungezähmten Gedanken und sprichst meine endlose Sprache?«

»Ja, oh Nacht, wahrhaftig, wir sind Zwillingsgeschwister. Denn du offenbarst das All, und ich offenbare meine Seele.«

GESICHTER

Ich habe ein Gesicht mit tausend Mienen gesehen und ein Gesicht, das nur eine einzige Miene war, als würde es in einer Gussform gehalten.

Ich habe ein Gesicht gesehen, durch dessen prunkvollen Glanz ich die Hässlichkeit erkannte, und ein Gesicht, dessen Glanz ich lüften musste, um zu sehen, wie schön es war.

Ich habe ein altes Gesicht gesehen, tief gezeichnet von nichts, und ein glattes Gesicht, in das sich alles eingeprägt hatte.

Ich verstehe Gesichter, weil ich durch den Stoff hindurchsehe, den meine eigenen Augen weben, und ich die Wirklichkeit darunter erkenne.

DAS GRÖSSERE MEER

Meine Seele und ich machten uns auf zum großen Meer, um zu baden. Und als wir die Küste erreichten, suchten wir lange nach einem versteckten und einsamen Ort.

Doch während wir so gingen, sahen wir einen Mann auf einem grauen Felsen sitzen, der kleine Mengen Salz aus einem Beutel nahm und sie ins Meer warf.

»Das ist der Pessimist«, sagte meine Seele. »Lass uns diesen Ort verlassen. Wir können hier nicht baden.«

Wir gingen weiter, bis wir eine schmale Bucht erreichten. Dort sahen wir einen Mann auf einem weißen Felsen stehen, der eine juwelenbesetzte Dose in der Hand hielt, aus der er Zucker nahm und ihn ins Meer warf.

»Das ist der Optimist«, sagte meine Seele. »Und auch er soll unsere nackten Körper nicht sehen.«

Wieder gingen wir weiter. Und an einem Strand sahen wir einen Mann, der tote Fische auflas und sie zärtlich zurück ins Wasser trug.

»Wir können auch vor seinen Augen nicht baden«, sagte meine Seele. »Er ist der Menschenfreund.«

Und wir gingen weiter.

Dann kamen wir an einen Ort, an dem ein Mann seinen Schatten in den Sand zeichnete. Große Wellen rollten heran und löschten ihn aus. Er aber zeichnete ihn wieder und wieder.

»Er ist der Mystiker«, sagte meine Seele. »Lass uns gehen.«

Und wir gingen weiter, bis wir in einer ruhigen kleinen Bucht einen Mann sahen, der den Schaum vom Wasser schöpfte und in eine Schale aus Alabaster füllte.

»Das ist der Idealist«, sagte meine Seele. »Sicher muss auch er nicht unsere Nacktheit sehen.«

Und wir gingen weiter. Plötzlich hörten wir, wie eine Stimme rief: »Dies ist das Meer. Dies ist das tiefe Meer. Dies ist das endlose, mächtige Meer.« Und als wir die Stimme erreichten, war es ein Mann, der mit dem Rücken zum Meer stand und sein Ohr an eine Muschelschale hielt und ihrem Flüstern lauschte.

Und meine Seele sagte: »Lass uns weitergehen. Er ist der Realist, der dem Ganzen, das er nicht fassen kann, den Rücken kehrt und sich nur mit einem Teil beschäftigt.«

Also gingen wir weiter. Und an einem seegrasbewachsenen Ort zwischen Felsen stand ein Mann, der seinen Kopf in den Sand steckte. Und ich sagte zu meiner Seele: »Hier können wir baden, denn er kann uns nicht sehen.«

»Nein«, sagte meine Seele. »Denn er ist der tödlichste von allen. Er ist der Puritaner.«

Dann wurde das Gesicht meiner Seele von großer Traurigkeit überschattet, und ihre Stimme klang betrübt.

»Lass uns von hier fortgehen«, sagte sie. »Denn es gibt keinen einsamen und versteckten Ort, an dem wir baden können. Ich möchte nicht, dass dieser Wind mein goldenes Haar durchfährt, ich möchte meinen weißen Busen in dieser Luft nicht entblößen, und ich will nicht, dass das Licht meine heilige Nacktheit enthüllt.«

Dann gingen wir fort von diesem Meer, um das Größere Meer zu suchen.

GEKREUZIGT

Ich rief zu den Menschen: »Ich will gekreuzigt werden!«

Und sie sagten: »Warum sollte dein Blut über unsere Häupter kommen?«

Und ich antwortete: »Wie wollt ihr anders verherrlicht werden, wenn ihr nicht die Narren kreuzigt?«

Und dann schenkten sie mir Beachtung, und sie kreuzigten mich. Und die Kreuzigung besänftigte mich.

Und als man mich zwischen Erde und Himmel gehängt hatte, hoben sie ihre Häupter, um mich zu sehen. Und sie wurden verherrlicht, denn nie zuvor waren ihre Häupter erhoben worden.

Doch wie sie dort standen und zu mir aufblickten, rief einer: »Wofür aber sucht Ihr zu büßen?«

Und ein anderer rief: »Was ist der Grund für Euer Selbstopfer?«

Und eine dritter sagte: »Glaubt Ihr, dass Ihr zu diesem Preis den Ruhm der Welt erkauft?«

Dann sagte ein vierter: »Seht, wie er lächelt! Kann solch ein Schmerz vergeben werden?«

Und ich antwortete ihnen allen und sagte:

»Erinnert euch nur, dass ich gelächelt habe. Ich büße nicht, noch opfere ich, noch ist der Ruhm mein Wunsch; und ich habe nichts zu vergeben. Mich dürstete, und ich flehte euch an, mir mein Blut zu trinken zu geben. Denn was kann den Durst eines Narren löschen, wenn nicht sein eigenes Blut? Ich war stumm – und ich bat euch um Wunden als Münder. Ich war gefangen in euren Tagen und Nächten – und ich suchte ein Tor zu größeren Tagen und Nächten.

Und jetzt scheide ich von euch – wie andere, die gekreuzigt wurden, von euch geschieden sind. Und ich denke nicht, dass wir der Kreuzigung je müde werden. Denn wir müssen gekreuzigt werden von freieren und immer freieren Menschen, zwischen größeren Erden und größeren Himmeln.«

DER ASTRONOM

Im Schatten des Tempels sahen mein Freund und ich einen blinden Mann einsam sitzen. Und mein Freund sagte: »Schau her, das ist der weiseste Mann unseres Landes.«

Da ließ ich meinen Freund zurück, näherte mich dem blinden Mann und grüßte ihn. Und wir unterhielten uns.

Nach einer Weile sagte ich: »Verzeiht meine Frage, aber seit wann seid Ihr blind?«

»Seit meiner Geburt«, antwortete er.

Ich sagte: »Und welchem Pfad der Weisheit folgt Ihr?«

Er sagte: »Ich bin Astronom.«

Dann legte er sich die Hand auf die Brust und sagte: »Ich beobachte all diese Sonnen und Monde und Sterne.«

DIE GROSSE SEHNSUCHT

Hier sitze ich zwischen meinem Bruder, dem Berg, und meiner Schwester, der See.

Wir drei sind eins in Einsamkeit, und die Liebe, die uns verbindet, ist tief und stark und fremd. Nein, sie ist tiefer als die Tiefe meiner Schwester und stärker als die Stärke meines Bruders und fremder als die Fremdheit meiner Narrheit.

Äonen um Äonen sind vergangen, seit das erste Morgengrauen uns einander gezeigt hat, und obwohl wir Geburt und Fülle und Tod vieler Welten sahen, sind wir noch immer begierig und jung.

Wir sind jung und begierig, und doch sind wir ohne Liebhaber, niemand hat uns besucht. Und obwohl wir uns in ungebrochen halber Umarmung befinden, sind wir ungetröstet. Und welchen Trost kann es geben für gezähmtes Verlangen und ungelebte Leidenschaft? Woher kommt der flammende Gott, um das Bett meiner Schwester zu wärmen? Und welche Sturzflut löscht das Feuer meines Bruders? Und wer ist die Frau, die meinem Herzen befiehlt?

In der Stille der Nacht murmelt meine Schwester im Schlaf den unbekannten Namen jenes Feuergottes, und mein Bruder ruft in die Ferne nach jener kühlen, abgewandten Göttin. Nach wem aber rufe ich in meinem Schlaf? Ich weiß es nicht.

* * *

Hier sitze ich zwischen meinem Bruder, dem Berg, und meiner Schwester, der See. Wir drei sind eins in Einsamkeit, und die Liebe, die uns verbindet, ist tief und stark und fremd.

SAGTE EIN GRASHALM

Sagte ein Grashalm zu einem Herbstblatt: »Du bist so laut, wenn du fällst. Du jagst alle meine Winterträume fort.«

Sagte das Blatt entrüstet: »Du nörgelndes, liedloses Ding von so niedriger Wohnstatt und Geburt! Du lebst nicht in höheren Lüften, und du erkennst nicht den Klang der Lieder.«

Dann legte sich das Herbstblatt auf die Erde und schlief. Und als es Frühling wurde, erwachte es zu neuem Leben – und war ein Grashalm.

Und als es Herbst wurde und sein Winterschlaf bevorstand und über ihm durch all die Lüfte Blätter fielen, murrte es vor sich hin: »Oh, diese Herbstblätter! Sie machen solch einen Krach! Sie jagen alle meine Winterträume fort.«

DAS AUGE

Eines Tages sagte das Auge: »Jenseits dieser Täler sehe ich einen Berg von blauem Dunst umschleiert. Ist er nicht schön?«

Das Ohr lauschte, und als es eine Weile angestrengt gelauscht hatte, sagte es: »Aber wo ist dieser Berg? Ich kann ihn nicht hören.«

Dann sprach die Hand und sagte: »Vergeblich versuche ich, ihn zu fühlen oder zu berühren, aber ich kann keinen Berg entdecken.«

Und die Nase sagte: »Da ist kein Berg, ich kann ihn nicht riechen.«

Dann sah das Auge woanders hin, und alle zusammen sprachen sie über die seltsame Täuschung des Auges. Und sie sagten: »Irgendwas ist mit dem Auge nicht in Ordnung.«

DIE ZWEI GELEHRTEN MÄNNER

Einst lebten in der alten Stadt Afkar zwei gelehrte Männer, welche die Gelehrsamkeit des jeweils anderen hassten und herabsetzten. Denn einer von ihnen leugnete die Existenz der Götter, und der andere glaubte.

Eines Tages begegneten sich die beiden auf dem Marktplatz, und mitten unter ihren Schülern begannen sie über die Existenz oder Nicht-Existenz der Götter zu zanken und zu rechten. Und nach stundenlangem Streit gingen sie auseinander.

An diesem Abend ging der Ungläubige in den Tempel, warf sich vor dem Altar auf den Boden und betete zu den Göttern, damit sie ihm sein abtrünniges Leben verziehen.

Und zur selben Stunde verbrannte der andere gelehrte Mann, der immer für die Götter gesprochen hatte, seinen heiligen Bücher. Denn er war ungläubig geworden.

ALS MEIN KUMMER GEBOREN WURDE

Als mein Kummer geboren wurde, zog ich ihn fürsorglich auf und gab mit liebender Zärtlichkeit auf ihn Acht.

Und mein Kummer wuchs, wie alles Lebendige wächst; stark und schön und voller wunderbarer Freuden.

Und wir liebten einander, mein Kummer und ich, und wir liebten die Welt um uns herum. Denn mein Kummer hatte ein gütiges Herz, und meines war gütig mit ihm.

Und wenn wir uns unterhielten, mein Kummer und ich, bekamen unsere Tage Flügel, und unsere Nächte waren umflochten von Träumen. Denn mein Kummer besaß eine beredsame Zunge, und meine war beredsam mit ihm.

Und wenn wir gemeinsam sangen, mein Kummer und ich, saßen unsere Nachbarn am Fenster und lauschten. Denn unsere Lieder waren tief wie das Meer, und unsere Weisen voll von fremden Erinnerungen.

Und wenn wir gemeinsam spazieren gingen, mein Kummer und ich, sahen uns die Leute mit lieben Augen an und flüsterten in Worten von äußerster Süße. Und es gab solche, die uns neidvoll beäugten, denn mein Kummer war ein erhabenes Ding, und ich war stolz auf ihn.

Doch mein Kummer starb, wie alles Lebendige stirbt, und ich blieb einsam zurück, um zu grübeln und zu sinnen.

Und wenn ich jetzt spreche, schlagen meine Worte mir schwer ans Ohr.

Und wenn ich meine Lieder singe, kommen die Nachbarn nicht, um zu lauschen.

Und wenn ich die Straße entlanggehe, schaut mich keiner mehr an.

Nur noch im Schlaf höre ich Stimmen, die mitleidvoll sagen: »Schau her, dort liegt der Mann, dessen Kummer verstarb.«

UND ALS MEINE FREUDE GEBOREN WURDE

Und als meine Freude geboren wurde, hielt ich sie in den Armen, stand auf dem Dach meines Hauses und rief: »Kommt, meine Nachbarn, kommt und schaut her. Denn heute ist mir die Freude geboren. Kommt und seht dieses heitere Etwas, das in der Sonne lacht.«

Doch keiner meiner Nachbarn kam, um meine Freude zu sehen, und mein Erstaunen war groß.

Sieben Monate lang verkündete ich jeden Tag vom Dach meines Hauses meine Freude – und doch schenkte mir niemand Beachtung. Ich blieb mit meiner Freude allein, unbegehrt und unbesucht.

Dann wurde meine Freude blass und müde, weil kein anderes Herz als meines ihren Liebreiz gewahrte und keine anderen Lippen sie küssten als meine.

Dann starb meine Freude, weil sie allein war.

Und nun gedenke ich meiner toten Freude nur, wenn ich meines toten Kummers gedenke. Doch die Erinnerung ist ein Herbstblatt, das eine Weile im Wind leise rauscht und dann nie wieder gehört wird.

»DIE VOLLKOMMENE WELT«

Gott der verlorenen Seelen, selbst verloren unter den Göttern, höre mich an:

Gütiges Schicksal, das über uns wacht, verrückte, irrende Seelen, hört mich an:

Ich wohne inmitten eines vollkommenen Volkes, ich, der Unvollkommenste.

Ich, ein menschliches Chaos, ein Nebel verwirrter Elemente, bewege mich zwischen vollendeten Welten – Menschen mit absoluten Gesetzen und reinen Systemen, deren Gedanken geordnet, deren Träume sortiert und deren Visionen verzeichnet und registriert sind.

Ihre Tugenden, Gott, sind berechnet, ihre Sünden gewogen, und selbst die zahllosen Dinge, die sich im trüben Zwielicht zwischen Sünde und Tugend bewegen, sind erfasst und eingetragen.

Hier sind Tage und Nächte gegliedert in Zeiten des rechten Verhaltens und werden beherrscht von Gesetzen, die von tadelloser Richtigkeit sind.

Essen, trinken, schlafen, seine Nacktheit bedecken und dann zur rechten Zeit erschöpft sein.

Arbeiten, spielen, singen, tanzen und sich dann zur Ruhe begeben, wenn die Stunde schlägt.

So zu denken und so viel zu fühlen und dann das Denken und Fühlen beenden, sobald ein bestimmter Stern sich über den Horizont dort drüben erhebt.

Einen Nachbarn lächelnd berauben, mit anmutiger Geste Geschenke verteilen, besonnen preisen, vorsichtig tadeln, mit einem Wort eine Seele vernichten, mit einem Atemzug einen Körper verbrennen und sich dann die Hände waschen, sobald das Tagwerk getan ist.

Nach festgefügter Ordnung lieben, in vorbestimmter Weise sein bestes Ich unterhalten, geziemend die Götter verehren, kunstvoll die Teufel umspinnen – und dann all das vergessen, als wäre das Erinnern tot.

Träumen nach Vorsatz, betrachten mit Vorsicht, glücklich sein auf sanfte, leiden auf erhabene Weise – und dann die Schale leeren, auf dass der morgige Tag sie abermals füllt.

All diese Dinge, oh Gott, sind mit Vorbedacht ersonnen, werden in fester Absicht geboren, mit großer Sorgfalt aufgezogen, werden von Regeln beherrscht, von Vernunft geleitet und dann auf vorgeschriebene Weise gemordet und begraben. Und selbst noch ihre stillen Gräber, tief in der menschlichen Seele verborgen, sind genau beschriftet und mit Nummern versehen.

Es ist eine vollkommene Welt, eine Welt von höchster Vortrefflichkeit, eine Welt überragendster Wunder, die reifste Frucht im Garten Gottes, der Meistergedanke des Universums.

Doch warum muss ich hier sein, oh Gott, ich, ein lebendiger Same unerfüllter Leidenschaft, ein wilder Sturm, der weder Ost noch Westen sucht, ein verirrter Bruchteil eines verbrannten Planeten?

Warum bin ich hier, oh Gott der verlorenen Seelen, selbst verloren unter den Göttern?

DER WANDERER

INHALT

DER WANDERER

Ich traf ihn an der Kreuzung, einen Mann nur in Mantel und Stock, das Gesicht verschleiert von Schmerz. Und wir grüßten einander, und ich sagte zu ihm: »Komm in mein Haus und sei mein Gast.«

Und er kam.

Meine Frau und meine Kinder empfingen uns an der Haustür, und er lächelte ihnen entgegen, und sie freuten sich über sein Kommen.

Dann saßen wir gemeinsam zu Tisch, und wir waren glücklich, dass der Mann bei uns war, denn eine Stille und ein Geheimnis umgaben ihn.

Und nach dem Essen setzten wir uns ans Feuer, und ich fragte ihn nach seiner Wanderschaft.

Er erzählte uns viele Geschichten in dieser Nacht und auch am nächsten Tag, doch was ich jetzt aufschreibe, kam aus der bitteren Härte seiner Tage, auch wenn er selbst voller Güte war, und seine Erzählungen handeln vom Staub und vom Erdulden seiner Wege.

Und als er nach drei Tagen wieder aufbrach, hatten wir nicht das Gefühl, dass ein Gast uns verließ, sondern dass einer von uns noch draußen im Garten war und demnächst hereinkommen würde.

KLEIDER

Eines Tages trafen sich die Schönheit und die Hässlichkeit am Ufer des Meeres. Und sie sagten zueinander: »Lass uns baden gehen im Meer.«

So legten sie die Kleider ab und gingen in den Wassern schwimmen. Und nach einer Weile kam die Hässlichkeit ans Ufer zurück, kleidete sich in die Gewänder der Schönheit und ging davon.

Dann kam auch die Schönheit aus dem Wasser zurück und fand ihre Kleider nicht mehr, und weil sie zu schüchtern war, um nackt zu gehen, legte sie das Gewand der Hässlichkeit an. Und die Schönheit ging ihrer Wege.

Und bis zum heutigen Tag halten Männer und Frauen die eine für die andere.

Einige aber haben das Antlitz der Schönheit gesehen, und sie erkennen sie trotz der falschen Kleider. Und es gibt andere, die um das Antlitz der Hässlichkeit wissen, und das falsche Tuch kann sie vor ihren Augen nicht verbergen.

DER ADLER UND DIE LERCHE

Eine Lerche und ein Adler trafen sich auf einem hohen Berg auf einem Felsen. Die Lerche sagte: »Ihnen einen guten Morgen, Sir.« Und der Adler sah auf sie herab und sagte matt: »Guten Morgen.«

Und die Lerche sagte: »Ich hoffe, es geht Ihnen gut, Sir.«

»Ja«, sagte der Adler, »uns geht es gut. Aber hast du vergessen, dass wir der König der Vögel sind und dass du uns nicht ansprechen darfst, bevor wir nicht selbst gesprochen haben?«

Da sagte die Lerche: »Mich dünkt, wir gehören zur selben Familie.«

Der Adler sah sie verächtlich an und sagte: »Wer hat dir erzählt, dass wir zur selben Familie gehören?«

Die Lerche antwortete: »Ich möchte Sie nur daran erinnern, dass ich genauso hoch fliegen kann wie Sie, und ich kann singen und den anderen Geschöpfen dieser Erde Freude schenken. Ihr aber schenkt weder Freude noch Vergnügen.«

Da wurde der Adler ärgerlich und sagte: »Freude und Vergnügen! Du winzige, eingebildete Kreatur! Mit einem einzigen Hieb meines Schnabels könnte ich dich vernichten. Du bist ja gerade mal so groß wie mein Fuß.«

Da flog die Lerche auf, setzte sich auf den Rücken des Adlers und begann, seine Federn zu zerpflücken. Der Adler war verärgert und schwang sich rasch hoch in die Lüfte, weil er den kleinen Vogel loswerden wollte. Doch er schaffte es nicht. Schließlich kehrte er zurück zu jenem Felsen auf dem hohen Berg, erzürnter als je und mit der winzig kleinen Kreatur noch immer auf seinem Rücken, und verfluchte das Los der Stunde.

Just in diesem Moment kroch eine kleine Schildkröte vorbei und lachte, als sie das sah, und sie lachte so sehr, dass sie fast auf ihren Rücken fiel.

Und der Adler sah auf die Schildkröte herab und sagte: »Du träges, kriechendes Wesen, immer nur eins mit der Erde, was gibt es da zu lachen?«

Und die Schildkröte sagte: »Nun ja, ich sehe, Ihr seid zum Pferd geworden und ein kleiner Vogel reitet Euch, und wie's aussieht, ist der kleine der bessere Vogel.«

Darauf sagte der Adler zu ihr: »Kümmere dich um deine eigenen Dinge. Dies ist eine Familienangelegenheit zwischen meiner Schwester, der Lerche, und mir.«

DAS LIEBES-LIED

Ein Dichter schrieb einst ein Liebes-Lied, und es war ein schönes. Und er machte zahlreiche Abschriften und schickte sie an seine Freunde und Bekannten, Männer wie Frauen, und auch an eine junge Frau, die er nur einmal getroffen hatte und die jenseits der Berge lebte.

Ein oder zwei Tage später kam ein Bote von der jungen Frau und brachte einen Brief. Und sie schrieb in diesem Brief: »Ich darf Euch versichern, dass mich das Liebes-Lied tief berührt hat, das Ihr für mich geschrieben habt. Kommt rasch und trefft meinen Vater und meine Mutter, dann bereiten wir die Verlobung vor.«

Und der Dichter beantwortete den Brief und schrieb ihr: »Meine Freundin, es war nichts als ein Lied der Liebe, wie es Dichterherzen entspringt, gesungen von jedem Mann für alle Frauen.«

Und sie schrieb zurück und sagte: »Heuchler und Lügner der Worte! Vom heutigen Tag an bis zum Tag meines Todes werde ich um Euretwillen alle Dichter hassen.«

TRÄNEN UND GELÄCHTER

Eines Tages gegen Abend traf eine Hyäne am Ufer des Nils ein Krokodil. Sie blieben beide stehen und begrüßten sich.

Die Hyäne sprach zuerst und sagte: »Wie ist es Ihnen heute ergangen, Sir?«

Und das Krokodil antwortete und sagte: »Es ist mir schlecht ergangen. Manchmal weine ich in meinem Schmerz und meinem Kummer, und dann höre ich von den anderen stets: ›Das sind doch nur Krokodilstränen.‹ Und das verletzt mich mehr, als ich sagen kann.«

Da sagte die Hyäne: »Du sprichst von deinem Schmerz und deinem Kummer, aber denk für einen Moment auch mal an mich. Ich bestaune die Schönheit der Welt, ihre Wunder und ihre Geheimnisse, und vor lauter Freude muss ich lachen, so wie der Tag selbst auch. Und dann sagen die Leute im Dschungel: ›Das ist doch nur Hyänengelächter.‹«

AUF DEM JAHRMARKT

Einmal kam ein wunderschönes Mädchen vom Land auf den Jahrmarkt. Sie trug eine Lilie und eine Rose im Gesicht. In ihren Haaren leuchtete der Sonnenuntergang, und die Morgenfrühe lächelte auf ihren Lippen.

Kaum hatten sie die reizende Fremde erblickt, da gingen die jungen Männer ihr nach und umringten sie. Der eine wollte mit ihr tanzen und der nächste ihr zu Ehren einen Kuchen teilen. Und alle wollten ihre Wange küssen. Denn schließlich war Jahrmarkt, oder nicht?

Doch das Mädchen erschrak und war erschüttert, und sie dachte schlecht von den jungen Männern. Sie wies sie schroff zurück und schlug sogar ein paar von ihnen ins Gesicht. Dann lief sie davon.

Und am Abend auf dem Weg nach Hause sagte sie zu sich selbst: »Ich bin empört. Wie ungesittet diese Männer sind und wie schlecht erzogen. Es ist nicht zu ertragen.«

Ein Jahr verging, in dem das wunderschöne Mädchen viel an Männer und Jahrmärkte dachte. Dann ging sie wieder auf den Jahrmarkt mit der Lilie und der Rose im Gesicht, dem Sonnenuntergang im Haar und dem Lächeln der Morgenfrühe auf ihren Lippen.

Doch kaum hatten die jungen Männer sie gesehen, da wandten sie sich von ihr ab. Und den ganzen Tag lang ging keiner ihr nach, und sie war allein.

Und als sie gegen Abend auf dem Weg nach Hause war, weinte sie still in sich hinein: »Ich bin empört. Wie ungesittet diese Jungen sind und wie schlecht erzogen. Es ist nicht zu ertragen.«

DIE ZWEI FÜRSTINNEN

In der Stadt Shawakis lebte ein Fürst, den alle liebten, Männer wie Frauen und Kinder. Sogar die Tiere auf dem Feld kamen zu ihm, um ihn zu grüßen.

Alle aber sagten, dass seine Frau, die Fürstin, ihn nicht liebte, ja, dass sie ihn sogar hasste.

Da besuchte eines Tages die Fürstin einer Nachbarstadt die Fürstin von Shawakis. Und sie saßen beieinander und sprachen und die Rede kam auf ihre Männer.

Und die Fürstin von Shawakis sagte in großer Erregung: »Ich beneide Euch um Euer Glück mit dem Fürsten, Eurem Ehemann, obwohl Ihr schon so lange Jahre mit ihm verheiratet seid. Ich hasse meinen Mann. Er gehört nicht mir allein, und ich bin weiß Gott eine sehr unglückliche Frau.«

Da sah die Fürstin aus der Nachbarstadt sie an und sagte: »Meine Freundin, die Wahrheit ist, dass Ihr Euren Ehemann liebt. Ja, und noch immer wohnt eine unerschöpfte Leidenschaft in Euch, und das erst macht eine Frau lebendig, wie der Frühling einen Garten. Bedauern aber solltet Ihr mich und meinen Mann, denn wir ertragen einander nur in stiller Geduld. Und doch haltet Ihr und halten andere dies für Glück.«

DER BLITZ

An einem stürmischen Tag stand ein christlicher Bischof in seiner Kathedrale, und eine Frau, die nicht christlich war, kam herein, stellte sich vor ihn und sagte: »Ich bin keine Christin. Kann ich dennoch vom Höllenfeuer erlöst werden?«

Da sah der Bischof auf die Frau herab und antwortete ihr: »Nein, Erlösung gibt es nur für die, die getauft sind mit Wasser und im Namen des Heiligen Geistes.«

Und während er noch sprach, schlug aus dem Himmel ein Blitz mit lautem Donner in die Kathedrale ein, und sie war von Feuer erfüllt.

Da liefen die Menschen der Stadt herbei und retteten die Frau, doch der Bischof wurde vom Feuer verzehrt.

DER EINSIEDLER UND DIE TIERE

Einst lebte in den grünen Hügeln ein Einsiedler. Er war von reinem Geist und weißem Herzen. Und alle Tiere der Erde und alle Vögel des Himmels kamen paarweise zu ihm, und der Einsiedler redete zu ihnen. Und sie hörten ihm dankbar zu und drängten sich um ihn und gingen erst bei Einbruch der Nacht, wenn er sie fortschickte und mit seinem Segen dem Wind und den Wäldern übergab.

Eines Abends sprach er von der Liebe, und eine Leopardin hob den Kopf und sagte zum Einsiedler: »Ihr sprecht zu uns von der Liebe. Doch sagt uns, Herr, wo ist Eure Frau?«

Und der Einsiedler sagte: »Ich habe keine Frau.«

Da ging ein Aufschrei des Erstaunens durch die Gesellschaft der Tiere und Vögel, und sie begannen, untereinander zu flüstern: »Wie kann er uns etwas von Liebe und Ehe erzählen, wenn er selbst davon nichts weiß?« Leise und verächtlich ließen sie ihn allein zurück.

In dieser Nacht lag der Einsiedler mit dem Gesicht zur Erde auf seiner Matte, und er weinte bitterlich und schlug sich mit den Händen vor die Brust.

DER PROPHET UND DAS KIND

Eines Tages traf der Prophet Sharia in einem Garten ein Kind. Das Kind lief auf ihn zu und sagte: »Einen guten Morgen Euch, Herr«, und der Prophet sagte: »Einen guten Morgen Euch, Herr.« Und einen Augenblick später: »Ich sehe, dass du allein bist.«

Da sagte das Kind vergnügt und lachend: »Es hat sehr lange gedauert, bis ich meiner Amme entwischt bin. Sie denkt, ich sei hinter dieser Hecke dort, aber du siehst ja, ich bin hier.« Dann sah es dem Propheten ins Gesicht und sagte: »Du bist auch allein. Was hast du mit deiner Amme gemacht?«

Der Prophet antwortete und sagte: »Ah, das ist etwas anderes. In Wahrheit ist es so, dass ich ihr nicht sehr oft entwischen kann. Gerade eben aber, als ich in diesen Garten kam, suchte sie hinter der Hecke nach mir.«

Da klatschte das Kind in die Hände und rief: »Dann bist du also verloren wie ich! Ist es nicht gut, einmal verloren zu gehen?« Und dann fragte das Kind: »Wer bist du?«

Und der Mann antwortete: »Sie nennen mich den Propheten Sharia. Und sag, wer bist du?«

»Ich bin nur ich selbst«, sagte das Kind, »und meine Amme sucht nach mir, und sie weiß nicht, wo ich bin.«

Da blickte der Prophet zum Himmel empor und sagte: »Auch ich bin meiner Amme für eine Weile entflohen, doch sie wird mich finden.«

Und das Kind sagte: »Ich weiß, dass meine mich auch finden wird.«

In diesem Augenblick war die Stimme einer Frau zu hören, wie sie den Namen des Kindes rief. »Siehst du«, sagte das Kind, »ich hab dir gesagt, dass sie mich finden würde.«

Und im gleichen Moment war eine andere Stimme zu hören: »Wo seid Ihr, Sharia?«

Und der Prophet sagte: »Siehst du, mein Kind, mich hat man auch gefunden.«

Und indem er den Kopf nach oben wandte, antwortete Sharia: »Hier bin ich.«

DIE PERLE

Eines Tages sagte eine Auster zu einer zweiten Auster neben ihr: »Ich trage einen großen Schmerz in mir. Er ist schwer und rund, und ich bin in Not.«

Und die andere Auster antwortete selbstgefällig und überheblich: »Dem Himmel und dem Meer sei Dank, ich trage keinen Schmerz in mir. Ich bin wohlauf und unversehrt, von innen wie von außen.«

Im selben Moment kam eine Krabbe vorbei, hörte die beiden Austern und sagte zu der, die von innen wie von außen wohlauf und unversehrt war: »Ja, du bist wohlauf und unversehrt. Aber der Schmerz, den deine Nachbarin erduldet, ist eine Perle von berauschender Schönheit.«

KÖRPER UND SEELE

Ein Mann und eine Frau saßen an einem Fenster, das auf den Frühling hinaussah. Sie saßen ganz dicht beieinander. Und die Frau sagte: »Ich liebe dich. Du bist hübsch, und du bist reich, und du bist immer gut gekleidet.«

Und der Mann sagte: »Ich liebe dich. Du bist ein schöner Gedanke, etwas, das viel zu erhaben ist, um es mit Händen zu greifen, und ein Lied in meinen Träumen.«

Doch die Frau wandte sich verärgert von ihm ab und sagte: »Bitte lass mich jetzt allein, Herr. Ich bin kein Gedanke und auch kein Etwas, das durch deine Träume zieht. Ich bin eine Frau. Ich will, das du mich begehrst, mich, dein Weib und die Mutter deiner ungeborenen Kinder.«

Und so gingen sie auseinander.

Und der Mann sagte zu sich: »Sieh nur, nun hat sich soeben ein weiterer Traum in Nebel verwandelt.«

Und die Frau sagte: »Was ist das wohl für ein Mann, der mich in Nebel und Träume verwandelt?«

DER KÖNIG

Das Volk des Königreichs Sadik versammelte sich um den Palast ihres Königs und erhob rebellierend die Stimme. Und er schritt die Stufen des Palastes herab und trug seine Krone in der einen und sein Zepter in der anderen Hand. Seine majestätische Erscheinung brachte die Menge zur Ruhe, und er stand vor ihnen und sagte: »Meine Freunde, die ihr nicht länger meine Untertanen seid, hiermit übergebe ich euch meine Krone und mein Zepter. Ich werde einer von euch sein. Ich bin nur ein einzelner Mensch, aber als Mensch werde ich mit euch gemeinsam alles daransetzen, dass sich unser Schicksal zum Besseren wendet. Wir brauchen keinen König. Deshalb lasst uns auf die Felder und in die Weinberge gehen und dort zusammen Hand in Hand hart arbeiten. Ihr müsst mir nur sagen, auf welches Feld und in welchen Weinberg ich gehen soll. Ihr alle seid jetzt König.«

Und das Volk staunte, und Stille überkam sie, denn der König, den sie für den Quell ihrer Unzufriedenheit gehalten hatten, trat nun Krone und Zepter an sie ab und wurde einer von ihnen.

Dann ging jeder Einzelne seiner Wege, und der König ging mit einem der Männer aufs Feld.

Doch dem Königreich Sadik erging es ohne König nicht besser, und der Schleier der Unzufriedenheit lag noch immer über dem Land. Auf den Marktplätzen erhob das Volk die Stimme und sagte, dass es regiert werden und einen König haben wolle, der es beherrscht. Und die Alten und die Jungen sagten wie aus einem Mund: »Wir wollen unseren König zurück.«

Und sie suchten den König und fanden ihn auf dem Feld, wo er sich schindete, und sie führten ihn auf seinen Thron und übergaben ihm seine Krone und sein Zepter. Und sie sagten: »Jetzt herrsche über uns – mit Macht und mit Gerechtigkeit.«

Und er antwortete: »Ich werde gewiss mit Macht über euch herrschen, doch mögen die Götter des Himmels und der Erde mir beistehen, dass ich auch mit Gerechtigkeit über euch herrsche.«

Da traten Männer und Frauen vor ihn hin und erzählten ihm von einem Freiherrn, der sie misshandle und für den sie nur Leibeigene seien. Und augenblicklich ließ der König den Freiherrn zu sich bringen und sagte: »Das Leben des einen Menschen wiegt auf der Waagschale Gottes ebenso viel wie das eines anderen. Und weil Ihr nicht wisst, wie viel das Leben derjenigen wert ist, die auf Euren Feldern und in Euren Weinbergen schuften, seid Ihr verbannt und sollt dieses Königreich für immer verlassen.«

Am nächsten Tag trat eine andere Gruppe vor den König und sprach von der Grausamkeit einer Gräfin jenseits der Berge und wie sie ihr Leben zerstörte. Augenblicklich wurde die Gräfin an den Hof gebracht, und der König verbannte auch sie und sagte: »Die, die unsere Felder bestellen und unsere Weinberge pflegen, sind edler als wir, die wir das Brot essen, das sie backen, und den Wein trinken, der aus ihren Weinpressen kommt. Und weil Ihr das nicht wisst, sollt Ihr dieses Land verlassen und diesem Königreich fernbleiben.«

Dann kamen Männer und Frauen, die sagten, dass der Bischof von ihnen verlange, Steine zu holen und diese Steine für die Kathedrale zu behauen, aber er gebe ihnen nichts dafür, obwohl sie doch wussten, dass die Truhen des Bischofs mit Gold und Silber gefüllt waren, während in ihren Mägen Hunger und Leere herrschte.

Da rief der König nach dem Bischof, und als der Bischof vor ihn trat, sprach der König und sagte zu ihm: »Das Kreuz, das Ihr auf der Brust tragt, soll bedeuten, dass Ihr dem Leben Leben schenkt. Ihr aber habt dem Leben das Leben genommen, statt es ihm zu schenken. Deshalb sollt Ihr dieses Königreich verlassen und niemals zurückkehren.«

So traten einen ganzen Monat lang jeden Tag Männer und Frauen vor den König, um ihm von der Bürde zu erzählen, die auf ihnen lastete. Und einen ganzen Monat lang wurde Tag für Tag irgendein Tyrann des Landes verwiesen.

Und das Volk von Sadik war erstaunt, und es lag Frohsinn in ihren Herzen.

Dann, eines Tages, kamen die Alten und die Jungen und stellten sich um den Turm des Königs und riefen nach ihm. Und der König kam herunter und hielt in der einen Hand seine Krone und in der anderen sein Zepter.

Und er sprach zu ihnen und sagte: »Nun, was wollt ihr von mir? Seht her, ich gebe euch zurück, was zu tragen ihr von mir verlangtet.«

Sie aber riefen: »Nein, nein, Ihr seid unser rechtmäßiger König. Ihr habt das Land von den Nattern befreit, und Ihr habt die Wölfe zur Strecke gebracht. Wir sind gekommen, um Euch unser Dankeslied zu singen. Die Krone ist Euer in Herrlichkeit, und das Zepter ist Euer im Ruhm.«

Da sagte der König: »Nicht ich, nicht ich – ihr selbst seid König. Als ihr mich für schwach und für einen schlechten König hieltet, da wart ihr selbst schwach und habt schlecht regiert. Nun aber geht es diesem Land gut, denn es unterliegt eurem Willen. Ich selbst bin nur ein Gedanke, der in euren Köpfen lebt, und ich existiere nicht, außer durch das, was ihr tut. Es gibt keinen Herrscher. Es gibt nur Beherrschte, beherrscht von sich selbst.«

Und der König ging zurück in seinen Turm mit seiner Krone und seinem Zepter. Und die Alten und die Jungen gingen ihrer Wege und waren zufrieden.

Und jeder Einzelne dachte, er sei König, mit einer Krone in der einen und einem Zepter in der anderen Hand.

IN DEN SAND

Einmal sagte ein Mann zum anderen: »Vor langer Zeit schrieb ich, als Flut war, mit der Spitze meines Stocks eine Zeile in den Sand. Und heute noch bleiben die Leute stehen, um sie zu lesen, und geben acht, dass niemand sie zertritt.«

Und der andere sagte: »Auch ich schrieb damals eine Zeile in den Sand, doch es war Ebbe, und die Wellen des weiten Meeres spülten sie fort. Aber sag mir, was schriebst du?«

Und der erste Mann antwortete und sagte: »Ich schrieb: ›Ich bin der, der ist.‹ Und was schriebst du?«

Und der andere sagte: »Ich schrieb: ›Ich bin nur ein Tropfen in diesem unendlichen Ozean.‹«

DIE DREI GESCHENKE

Einst lebte in der Stadt Bischarri ein gütiger Fürst, der von all seinen Untertanen geliebt und geachtet wurde.

Doch es gab einen Mann, der bitterarm war und gegen den Fürsten Verdruss hegte und fortwährend lästernd von ihm sprach.

Der Fürst wusste zwar davon, ließ jedoch Nachsicht walten.

Schließlich aber besann er sich anders, und in einer Winternacht trat ein Diener des Fürsten an die Tür des Mannes, beladen mit einem Sack Mehl, einem Beutel Seife und einer spitzen Tüte voll Zucker.

Und der Diener sagte: »Der Fürst schickt dir diese Geschenke zum Zeichen, dass er sich erinnert.«

Der Mann war begeistert, denn er dachte, die Geschenke zollten ihm Anerkennung vonseiten des Fürsten. Und in seinem Stolz ging er zum Bischof und erzählte ihm, was der Fürst getan hatte, und sagte: »Da siehst du nun, wie der Fürst nach meinem Wohlwollen lechzt.«

Doch der Bischof antwortete: »Oh, wie weise der Fürst ist und wie klein dein Verstand. Er spricht in Bildern. Das Mehl ist für deinen leeren Magen, die Seife gilt deinem schmutzigen Fell, und der Zucker soll deine bitteren Worte versüßen.«

Seit diesem Tag ging der Mann sogar sich selbst aus dem Weg. Sein Hass auf den Fürsten war größer denn je, und noch viel größer war sein Hass auf den Bischof, der ihm das Geheimnis des Fürsten enthüllt hatte.

Doch von nun an sagte er nichts mehr.

FRIEDEN UND KRIEG

Drei Hunde aalten sich in der Sonne und unterhielten sich.

Der erste Hund sagte verträumt: »Es ist wirklich wunderbar, in dieser besonderen Zeit des Hundereichs zu leben. Denkt an die Leichtigkeit, mit der wir uns zu Wasser, zu Lande und sogar durch die Lüfte bewegen. Und besinnt euch einen Moment lang auf all die Erfindungen, die zum Wohlergehen der Hunde hervorgebracht wurden, auch für unsere Augen, Ohren und Nasen.«

Da erhob auch der zweite Hund die Stimme und sagte: »Wir schenken der Kunst mehr Beachtung. Viel rhythmischer als unsere Vorväter bellen wir den Mond an. Und wenn wir im Wasser unser Spiegelbild betrachten, sehen wir deutlich klarere Züge als gestern.«

Dann sprach der dritte Hund und sagte: »Doch was mich am meisten bezaubert und meinen Geist entzückt, ist das friedliche Einverständnis, das zwischen den Hundereichen besteht.«

Just in diesem Moment blickten sie auf – und siehe da, der Hundefänger näherte sich.

Die drei Hunde sprangen auf und hetzten die Straße hinunter. Und wie sie so rannten, rief der dritte Hund: »Um Himmels willen, rennt um euer Leben. Die Zivilisation ist uns auf den Fersen.«

DIE TÄNZERIN

An den Hof des Fürsten von Birkasha kam einst eine Tänzerin, begleitet von ihren Musikern. Sie erhielt Zugang zum Hof, und so tanzte sie vor dem Fürsten zur Musik der Laute, der Flöte und der Zither.

Sie tanzte den Tanz der Flammen und den Tanz der Schwerter und Speere. Sie tanzte den Tanz der Sterne und den Tanz des Alls. Und sie tanzte den Tanz der Blumen im Wind.

Danach stand sie vor dem Thron des Fürsten und verbeugte sich vor ihm. Da bat der Fürst sie, näher zu treten, und sagte zu ihr: »Schöne Frau, Tochter der Anmut und der Freude, woher stammt deine Kunst? Und wie kommt es, dass du in deinen Bewegungen und Liedern allen Kräften der Natur befiehlst?«

Da verbeugte sich die Tänzerin noch einmal vor dem Fürsten und antwortete: »Hoher Herr und gütiger Herrscher, ich kenne die Antwort auf Eure Fragen nicht. Ich weiß nur dies: Die Seele des Denkers sitzt in seinem Kopf, die Seele des Dichters lebt in seinem Herzen, die Seele des Sängers weilt in seiner Kehle, die Seele der Tänzerin aber wohnt in ihrem ganzen Körper.«

DIE ZWEI SCHUTZENGEL

Eines Abends trafen sich am Stadttor zwei Engel, und sie begrüßten einander und unterhielten sich.

Der eine Engel sagte: »Womit bist du dieser Tage beschäftigt, und was trägt man dir auf?«

Und der andere antwortete: »Man hat mich damit betraut, der Schutzengel eines gefallenen Mannes zu sein, der dort unten im Tal wohnt, ein großer Sünder, höchst verderbt. Ich kann dir versichern, es ist eine wichtige Aufgabe, und ich arbeite hart.«

Der erste Engel erwiderte: »Das ist ein leichter Auftrag. Ich habe viele Sünder gekannt und war so manches Mal ihr Schutzengel. Jetzt aber hat man mich damit betraut, der Schutzengel des guten Heiligen zu sein, der dort drüben in einer Laube wohnt. Und ich darf dir versichern, es ist eine außerordentlich schwierige Aufgabe und äußerst heikel.«

Darauf der zweite: »Das ist doch reine Überheblichkeit. Wie kann das Beschützen eines Heiligen schwieriger sein als das Beschützen eines Sünders?«

Und der andere antwortete: »Was für eine Frechheit, mich überheblich zu nennen! Ich habe nur die

Wahrheit gesagt. Mir scheint eher, dass du hier der Überhebliche bist.«

Dann rangen und fochten die Engel miteinander, erst mit Worten, dann mit Fäusten und Flügeln.

Und während sie so stritten, kam ein Erzengel vorbei und fuhr dazwischen und sagte: »Warum zankt ihr miteinander? Und worum geht es überhaupt? Wisst ihr denn nicht, dass es für Schutzengel höchst unschicklich ist, am Stadttor miteinander zu streiten? Sagt schon, worüber seid ihr euch uneins?«

Da redeten beide Engel gleichzeitig wild durcheinander, und jeder behauptete, dass seine Arbeit die härtere sei und er dafür größere Anerkennung verdiene.

Der Erzengel schüttelte mit dem Kopf und überlegte.

Dann sagte er: »Freunde, ich kann euch im Augenblick nicht sagen, wer von euch den größeren Anspruch auf Ehre und Lohn hat. Doch da mir die Macht dazu verliehen ist und ihr beide darauf besteht, dass die Aufgabe des anderen die leichtere ist, übertrage ich des Friedens und des guten Schutzes halber jedem von euch das Amt des anderen. Und nun geht hin und werdet glücklich mit eurer Arbeit.«

Nachdem ihnen dieser Befehl erteilt worden war, zogen die Engel ihrer Wege. In umso größerem Zorn aber blickte jeder von ihnen auf den Erzengel zurück und sagte still vor sich hin: »Oh, diese Erzengel! Jeden Tag machen sie uns Engeln das Leben schwerer und schwerer!«

Der Erzengel aber stand da und besann sich noch einmal. Dann sagte er still vor sich hin: »Wirklich, wir müssen wachsam sein und eine schützende Hand über unsere Schutzengel halten.«

DIE STATUE

In den Bergen lebte einmal ein Mann, der eine Statue besaß, die ein alter Meister gearbeitet hatte. Sie lag vor seiner Tür mit dem Gesicht nach unten, und er schenkte ihr keinerlei Aufmerksamkeit.

Eines Tages kam ein Mann aus der Stadt an seinem Haus vorüber, ein Mann von Bildung, und als er die Statue sah, fragte er den Besitzer, ob er sie verkaufen würde.

Der Besitzer lachte und sagte: »Aber bitte, wer will dieses öde, dreckige Stück Stein schon kaufen?«

Und der Mann aus der Stadt sagte: »Ich gebe dir diesen Silbertaler dafür.«

Und der andere Mann war erstaunt und hocherfreut.

Die Statue wurde auf dem Rücken eines Elefanten in die Stadt getragen. Und viele Monde später besuchte der Mann aus den Bergen die Stadt, und als er durch die Straßen ging, sah er vor einer Werkstatt eine Menschenmenge stehen, und ein Mann rief mit lauter Stimme: »Kommt herein und schaut euch diese Statue an, die schönste, die wunderbarste Statue auf der ganzen Welt. Zwei Silbertaler, und ihr könnt dieses fabelhafte Meisterwerk betrachten.«

Da bezahlte der Mann aus den Bergen zwei Silbertaler und ging in die Werkstatt, um die Statue zu betrachten, die er selbst für einen Silbertaler verkauft hatte.

DER TAUSCH

Eines Tages traf ein armer Poet an einer Straßenkreuzung einen reichen Dummkopf, und sie unterhielten sich. Doch alles, was sie sagten, enthüllte nichts als ihre Unzufriedenheit.

Da kam der Engel der Straße an ihnen vorüber und legte den beiden Männern die Hände auf die Schultern. Und siehe da, ein Wunder: Jetzt hatten die zwei Männer ihr Hab und Gut getauscht.

Und so gingen sie auseinander. Wie sonderbar aber: Der Poet sah nach und fand in seiner Tasche nichts als trockenen, rieselnden Sand. Und der Dummkopf schloss die Augen und fühlte nichts als ziehende Wolken in seinem Herzen.

LIEBE UND HASS

Einst sagte eine Frau zu einem Mann: »Ich liebe dich.« Und der Mann sagte: »Ich trage es in meinem Herzen, dass ich deiner Liebe wert bin.«

Und die Frau sagte: »Du liebst mich also nicht?« Der Mann schaute sie nur an und sagte nichts.

Da schrie die Frau laut auf: »Ich hasse dich.« Und der Mann sagte: »Dann trage ich auch das in meinem Herzen, dass ich deines Hasses wert bin.«

Es träumte ein Mann einen Traum, und als er erwachte, ging er zu seinem Wahrsager und bat ihn, ihm seinen Traum zu erklären. Und der Wahrsager sagte zu dem Mann: »Komm mit den Träumen zu mir, die du siehst, wenn du wach bist, und ich werde dir ihre Bedeutung verraten. Die Träume deines Schlafes aber gehen weder meine Weisheit noch deine Phantasie etwas an.«

DER NARR

Es war der Garten einer Irrenanstalt, in dem ich einen jungen Mann traf, dessen Gesicht ganz bleich und schön und voller Verwunderung war.

Und ich setzte mich neben ihn auf die Bank und fragte: »Warum bist du hier?«

Da sah er mich voller Erstaunen an und erwiderte: »Es ist eine unschöne Frage, aber ich will sie dennoch beantworten. Mein Vater wollte aus mir sein Ebenbild machen, das Gleiche wollte mein Onkel. Meine Mutter wollte, dass ich ihrem berühmten Vater glich, und für meine Schwester war ihr seefahrender Ehemann das große Vorbild, dem ich folgen sollte. Mein Bruder hingegen meint, ich solle sein wie er, ein glänzender Athlet.

Und auch meine Lehrer, der Philosoph, der Musiker, der Logiker, auch sie waren fest entschlossen, und jeder von ihnen wollte, dass ich zum Spiegelbild wurde, zum Spiegelbild ihrer selbst.

Deshalb kam ich an diesen Ort. Ich halte ihn für gesünder. Hier kann ich zumindest ich selbst sein.«

Dann drehte er sich plötzlich zu mir um und fragte: »Doch sag mir, haben Erziehung und guter Rat auch dich an diesen Ort getrieben?«

Und ich antwortete: »Nein, ich bin ein Gast.«

Und er sagte: »Oh, dann bist du einer von denen, die in dem Irrenhaus auf der anderen Seite der Mauer leben.«

DIE FRÖSCHE

An einem Sommertag sagte ein Frosch zu seinem Freund: »Ich fürchte, diese Leute, die in dem Haus dort am Seeufer wohnen, fühlen sich durch unsere nächtlichen Lieder gestört.«

Und sein Freund antwortete und sagte: »Na ja, aber stören nicht auch sie mit ihrem Gerede tagsüber unsere Ruhe?«

Da sagte der Frosch: »Lass uns die Möglichkeit erwägen, dass wir in der Nacht vielleicht allzu viel singen.«

Und sein Freund antwortete: »Lass uns die Möglichkeit erwägen, dass sie am Tag vielleicht allzu viel schwatzen und schreien.«

Da sagte der Frosch: »Was ist mit dem Ochsenfrosch, der die gesamte Nachbarschaft mit seinem gottverdammten Quaken stört?«

Und sein Freund antwortete: »Ja, aber was sagst du zu dem Politiker, dem Priester und dem Naturforscher, die an diese Ufer kommen und die Luft mit lautem, ungereimtem Lärm erfüllen?«

Da sagte der Frosch: »Dann lass uns besser sein als diese Menschen. Lass uns nachts still sein und unsere Lieder für uns behalten, auch wenn der Mond nach unseren Liedern ruft und die Sterne nach unseren Gesängen. Wenigstens ein, zwei Nächte, vielleicht sogar drei Nächte wollen wir still sein.«

Und sein Freund sagte: »Also gut, ich bin einverstanden. Wir werden ja sehen, was dein übergroßes Herz uns beschert.«

In dieser Nacht schwiegen die Frösche, und sie schwiegen auch in der folgenden Nacht und noch einmal in der dritten.

Doch sonderbar: An jenem dritten Tag kam die geschwätzige Frau, die in dem Haus dort am Seeufer wohnte, hinunter zum Frühstück und rief zu ihrem Mann: »Ich habe die letzten drei Nächte nicht geschlafen. Solange ich das Quaken der Frösche im Ohr hatte, schlief ich tief und fest. Aber irgendetwas muss passiert sein. Sie haben seit drei Nächten nicht mehr gequakt. Und meine Schlaflosigkeit macht mich schon ganz verrückt.«

Als der Frosch das hörte, wandte er sich an seinen Freund und sagte mit einem Augenzwinkern: »Und uns hat unser Schweigen schon ganz verrückt gemacht, oder nicht?«

Und sein Freund antwortete: »Ja, die Stille der Nacht lag uns schwer auf der Seele. Und ich sehe ein, dass wir keinerlei Grund haben, unser Singen aufzugeben, nur um denen einen Gefallen zu tun, die dazu verdammt sind, ihre Leere mit Lärm zu füllen.«

Und in dieser Nacht riefen der Mond und die Sterne nicht umsonst nach ihren Gesängen und Liedern.

GESETZE UND GESETZGEBUNG

Vor vielen, vielen Jahren lebte ein König, der war weise. Und er hegte den Wunsch, seinen Untertanen Gesetze zu geben.

Er rief tausend weise Männer von tausend verschiedenen Stämmen zu sich in die Hauptstadt, damit sie die Gesetze festlegen sollten.

Und so geschah es.

Doch als man dem König die tausend Gesetze auf Pergament vorlegte und er sie las, weinte er bitterlich tief in seiner Seele, denn er hatte nicht gewusst, dass es in seinem Königreich tausend verschiedene Verbrechen gab.

Dann holte er seinen Schreiber, und mit einem Lächeln auf den Lippen diktierte er selbst Gesetze. Und es waren nur sieben.

Da verließen ihn die tausend weisen Männer voller Zorn und kehrten mit den Gesetzen, die sie festgelegt hatten, zurück zu ihren Stämmen. Und jeder Stamm folgte den Gesetzen seiner weisen Männer.

Deshalb gibt es dort bis auf den heutigen Tag überall tausend Gesetze.

Es ist ein großartiges Land, doch es hat tausend Gefängnisse, und die Gefängnisse sind voll von Frauen und Männern, die tausend Gesetze brachen.

Es ist tatsächlich ein großartiges Land, doch die Menschen dieses Landes sind Nachkommen von tausend Gesetzgebern und nur einem weisen König.

GESTERN, HEUTE UND MORGEN

Ich sagte zu meinem Freund: »Du siehst dort eine Frau, wie sie am Arm des Mannes lehnt. Es war erst gestern, da lehnte sie so noch an meinem.«

Und mein Freund sagte: »Und morgen wird sie an meinem Arm lehnen.«

Ich sagte: »Schau, wie sie eng an seiner Seite sitzt. Es war erst gestern, da saß sie noch eng neben mir.«

Und er antwortete: »Und morgen sitzt sie neben mir.«

Ich sagte: »Siehst du, sie trinkt Wein aus seinem Becher, noch gestern trank sie aus meinem.«

Und er sagte: »Morgen aus meinem.«

Dann sagte ich: »Sieh, wie sie ihn anschaut – voller Liebe und mit ergebenem Blick. So schaute sie gestern noch mich an.«

Und mein Freund sagte: »Ich werde es sein, den sie morgen so anschaut.«

Ich sagte: »Hörst du denn nicht, wie sie jetzt Lieder der Liebe in sein Ohr summt? Eben diese Lieder der Liebe summte sie noch gestern in mein Ohr.«

Und mein Freund sagte: »Und morgen wird sie dieselben in mein Ohr summen.«

Ich sagte: »Aber schau, sie umarmt ihn. Es war erst gestern, dass sie mich umarmte.«

Und mein Freund sagte: »Morgen wird sie mich umarmen.«

Dann sagte ich: »Was für eine sonderbare Frau.«

Er aber erwiderte: »Sie ist wie das Leben, von allen Menschen besessen. Und sie erobert alle Menschen wie der Tod. Und sie umfasst alle Menschen, wie es die Ewigkeit tut.«

DER PHILOSOPH UND DER SCHUSTER

Ein Philosoph ging eines Tages mit ausgetretenen Schuhen in die Werkstatt eines Schusters. Und der Philosoph sagte zum Schuster: »Bitte flick mir meine Schuhe.«

Da erwiderte der Schuster: »Ich flicke gerade ein paar andere Schuhe und habe dort noch weitere liegen, bevor ich deine flicken kann. Aber lass deine Schuhe hier und trag heute dieses Paar, dann kannst du morgen deine wieder abholen.«

Das empörte den Philosophen, und er sagte: »Ich trage keine Schuhe, die nicht mir gehören.«

Da erwiderte der Schuster: »Du bist also wirklich ein Philosoph und kannst deine Füße nicht in Schuhe stecken, die einem anderen gehören? Es gibt in dieser Straße noch einen Schuster, der Philosophen besser versteht als ich. Lass dir von ihm die Schuhe flicken.«

DIE BRÜCKENBAUER

In der Stadt Antiochia, wo der Fluss Orontes ins Meer mündet, wurde eine Brücke gebaut, um die eine Hälfte der Stadt mit der anderen zu verbinden. Sie wurde aus großen Steinen errichtet, die man auf den Rücken der Esel aus Antiochia von den umgebenden Hügeln herunterbrachte.

Als die Brücke fertig war, meißelte man auf Griechisch und Aramäisch in einen der Brückenpfeiler den Satz: »Diese Brücke wurde von König Antiochus II. errichtet.«

Und alle Menschen überquerten die prachtvolle Brücke über den breiten Fluss Orontes.

Eines Abends jedoch stieg ein Junge, den manche für ein bisschen verrückt hielten, an jenem Brückenpfeiler hinab, überdeckte die gemeißelten Worte mit schwarzer Kohle und schrieb darüber: »Die Steine dieser Brücke haben die Esel von den Hügeln heruntergetragen. Wenn du sie überquerst, reitest du auf den Rücken der Esel aus Antiochia, den Erbauern dieser Brücke.«

Und als die Leute lasen, was der Junge geschrieben hatte, lachten einige von ihnen und andere wunderten sich. Und ein paar von ihnen sagten: »Ach ja, wir wissen, wer das getan hat. Ist er nicht ein bisschen verrückt?«

Einer der Esel aber sagte zu einem anderen Esel: »Erinnerst du dich denn nicht, dass wir diese Steine getragen haben? Und doch hat es bislang immer geheißen, dass die Brücke von König Antiochus errichtet worden sei.«

DAS ZAADFELD

Auf der Straße von Zaad traf ein Reisender einen Mann, der in einem nahen Dorf wohnte, und der Reisende zeigte mit der Hand auf ein riesiges Feld und fragte den Mann: »Ist das nicht das Schlachtfeld, auf dem König Ahlam seine Feinde besiegt hat?«

Und der Mann antwortete und sagte: »Das war nie ein Schlachtfeld. Auf diesem Feld stand einst die prachtvolle Stadt Zaad, doch sie wurde niedergebrannt und es blieb nichts als Asche. Jetzt aber ist es ein fruchtbares Feld, oder nicht?«

Und so trennten sich der Reisende und der Mann aus dem Dorf.

Keine halbe Meile weiter traf der Reisende einen anderen Mann und zeigte wieder auf das Feld und fragte: »Hier also stand einst die prachtvolle Stadt Zaad?«

Und der Mann sagte: »An diesem Ort stand nie eine Stadt. Aber es gab hier einst ein Kloster, es wurde von den Leuten des Südlands zerstört.«

Kurz darauf und noch immer auf eben dieser Straße von Zaad traf der Reisende einen dritten

Mann, zeigte noch einmal auf das riesige Feld und fragte: »Es stimmt doch, dass dies der Ort ist, auf dem einst ein großes Kloster stand?«

Doch der Mann antwortete: »Es gab nie ein Kloster in dieser Gegend, doch unsere Väter und Vorväter erzählten, dass einst ein riesiger Meteor auf dieses Feld fiel.«

Da ging der Reisende weiter und wunderte sich sehr. Dann traf er einen sehr alten Mann, begrüßte ihn und sagte: »Herr, mir sind auf dieser Straße drei Männer begegnet, die in dieser Gegend wohnen, und ich habe sie nach dem Feld gefragt, und jeder von ihnen leugnete, was der andere gesagt hatte, und jeder erzählte mir eine neue Geschichte, die die anderen nicht erzählt hatten.«

Da hob der alte Mann den Kopf und erwiderte: »Mein Freund, jeder Einzelne von diesen Männern hat dir erzählt, was tatsächlich geschah. Doch nur wenige von uns sind fähig, völlig verschiedene Tatsachen miteinander zu einer Wahrheit zu verbinden.«

DER GOLDENE GÜRTEL

Eines Tages gingen zwei Männer, die sich auf der Straße getroffen hatten, zusammen nach Salamis, der Säulenstadt. Am Nachmittag kamen sie an einen breiten Fluss, fanden aber nirgends eine Brücke, um ihn zu überqueren. Sie mussten entweder schwimmen oder einen anderen Weg nehmen, den sie nicht kannten.

Da sagte der eine zum anderen: »Lass uns schwimmen. So breit ist der Fluss nun auch wieder nicht.« Also stürzten sie sich in die Fluten und schwammen.

Plötzlich aber wurde einer der Männer, der mit Flüssen und ihrer Art sehr vertraut war, mitten im Fluss immer schwächer, und der reißende Strom trug ihn langsam davon. Der andere hingegen, der nie zuvor geschwommen war, durchquerte den Fluss auf dem kürzesten Weg und stand kurz darauf am anderen Ufer. Da sah er, wie sein Gefährte noch immer mit dem Fluss rang, warf sich erneut in die Fluten und brachte ihn sicher an Land.

Und der Mann, den die Strömung mitgerissen hatte, sagte: »Aber du hast mir gesagt, dass du nicht schwimmen kannst. Wie also konntest du den Fluss mit solcher Sicherheit überqueren?«

Und der zweite Mann antwortete: »Mein Freund, siehst du diesen Gürtel, den ich trage? Er ist voller Goldmünzen, die ich während eines ganzen Jahres für meine Frau und meine Kinder verdient habe. Es ist das Gewicht dieses Goldgürtels, das mich über den Fluss getragen hat, zu meiner Frau und meinen Kindern. Und meine Frau und meine Kinder saßen auf meinen Schultern, während ich schwamm.«

Und gemeinsam gingen die beiden Männer weiter nach Salamis.

DIE ROTE ERDE

Ein Baum sprach zu einem Mann: »Meine Wurzeln stecken in der tiefen roten Erde, und ich werde dir von meinen Früchten geben.«

Und der Mann sprach zu dem Baum: »Wie ähnlich wir uns sind. Auch meine Wurzeln stecken tief in der roten Erde. Und die rote Erde gibt dir die Kraft, mir einen Teil deiner Früchte zu schenken, und die rote Erde lehrt mich, von dir in Dankbarkeit zu empfangen.«

DER VOLLMOND

In seiner ganzen Herrlichkeit stieg der Vollmond über der Stadt in die Höhe, und alle Hunde dieser Stadt begannen, ihn anzuheulen.

Nur ein Hund heulte nicht und sagte mit ernster Stimme zu den anderen: »Weckt die Stille nicht aus ihrem Schlaf, und holt den Mond nicht auf die Erde mit eurem Geheul.«

Da hörten alle Hunde auf zu heulen und schwiegen ehrfürchtig. Nur der Hund, der zu ihnen gesprochen hatte, bat kläffend weiter um Ruhe, die ganze Nacht.

DER EINSIEDLERISCHE PROPHET

Es lebte einst ein einsiedlerischer Prophet, der dreimal im Monat hinunter in die große Stadt ging und auf den Marktplätzen den Leuten vom Geben und Teilen predigte. Er redete gut und war im ganzen Land berühmt.

Eines Abends kamen drei Männer zu seiner Einsiedelei, und er begrüßte sie. Sie sagten: »Du hast vom Geben und Teilen gepredigt, und du hast versucht, denen, die viel haben, beizubringen, jenen zu geben, die kaum etwas haben. Wir zweifeln nicht, dass dein Ruhm dir Reichtum gebracht hat. Also komm und gib uns von deinem Reichtum, denn wir sind in Not.«

Und der Einsiedler antwortete und sagte: »Meine Freunde, ich habe nichts als dieses Bett und diese Matte und diesen Krug mit Wasser. Nehmt sie, wenn ihr wollt. Ich habe weder Gold noch Silber.«

Da schauten sie ihn verächtlich an und wandten sich von ihm ab. Und der zuletzt ging, blieb in der Tür einen Augenblick stehen und sagte: »Oh, du Betrüger! Du Schwindler! Du lehrst und predigst, was du selbst nicht tust.«

DER ALTE, ALTE WEIN

Einst lebte ein reicher Mann, der nicht zu Unrecht stolz auf seinen Keller und auf seine Weine war. Und in einem der Krüge befand sich ein sehr alter Jahrgang, der für eine Gelegenheit verwahrt wurde, die keiner kannte außer ihm selbst.

Als der Gouverneur des Landes ihn besuchte, überlegte er und sagte: »Dieser Krug soll nicht geöffnet werden für einen, der nur Gouverneur ist.«

Dann besuchte ihn ein Bischof der Diözese, aber er sagte im Stillen zu sich: »Nein, ich werde diesen Krug nicht öffnen. Er würde seinen Wert nicht erkennen, sein Bouquet würde sich seiner Nase nicht erschließen.«

Dann kam der Prinz des Königreiches und aß mit ihm zu Abend. Doch er dachte: »Der Wein ist zu königlich für einen, der nur ein kleiner Prinz ist.«

Und selbst am Hochzeitstag seines eigenen Neffen sagte er sich im Stillen: »Nein, auch für diese Gäste soll der Krug nicht hervorgeholt werden.«

Und die Jahre vergingen, und er starb als alter Mann und wurde begraben wie Samen und Eichel.

Und am Tag seiner Beerdigung holte man den alten Krug zusammen mit anderen Weinkrügen heraus, und die Bauern dieser Gegend teilten ihn unter sich auf. Und keiner von ihnen wusste, dass er so alt war.

Für sie ist alles nur Wein, was in die Becher fließt.

DIE ZWEI GEDICHTE

Vor vielen Hundert Jahren trafen sich auf einer Straße nach Athen zwei Dichter, und sie freuten sich sehr, dass sie sich sahen.

Und der eine Dichter fragte den anderen: »Was hast du in letzter Zeit gedichtet, und wie steht es mit deiner Leier?«

Und der andere Dichter antwortete und sagte stolz: »Ich habe soeben das größte meiner Gedichte vollendet, vielleicht das größte Gedicht, das je in griechischer Sprache geschrieben wurde. Es ist eine Anrufung des höchsten Gottes Zeus.«

Dann zog er ein Pergament aus seinem Mantel hervor und sagte: »Sieh her, ich trage es bei mir und würde es dir gerne vorlesen. Komm, lass uns im Schatten dieser weißen Zypresse sitzen.«

Und der Dichter las sein Gedicht. Und es war ein langes Gedicht.

Da sagte der andere Dichter freundlich: »Das ist ein großes Gedicht. Es wird die Jahrhunderte überdauern, und es liegt dein künftiger Ruhm darin.«

Und der erste Dichter sagte ruhig: »Und was hast du in letzter Zeit geschrieben?«

Und der andere antwortete: »Ich habe nur wenig geschrieben. Acht Verse nur, in Erinnerung an ein Kind, das in einem Garten spielt.« Und er trug die Verse vor.

Und der erste Dichter sagte: »Gar nicht so schlecht, nicht so schlecht.«

Und so gingen sie auseinander.

Heute aber, nach zweitausend Jahren, werden die acht Verse des einen Dichters in allen Sprachen gelesen, und sie werden zärtlich geliebt.

Und obwohl das Gedicht des anderen Dichters in Bibliotheken und Gelehrtenstuben die Jahrhunderte tatsächlich überdauert und man es nicht vergessen hat, wird es weder geliebt noch gelesen.

LADY RUTH

Eines Tages schauten drei Männer aus der Ferne auf ein weißes Haus, das einsam auf einem grünen Hügel stand. Einer von ihnen sagte: »Das ist das Haus der Lady Ruth. Sie ist eine alte Hexe.«

Der zweite Mann sagte: »Du täuschst dich. Lady Ruth ist eine wunderschöne Frau, die dort ganz in ihren Träumen lebt.«

Der dritte Mann sagte: »Ihr täuscht euch beide. Lady Ruth ist die Pächterin dieser riesigen Ländereien, und sie saugt ihren Leibeigenen das Blut aus.«

Und so gingen sie weiter und sprachen über Lady Ruth. Dann kamen sie an eine Kreuzung und trafen einen alten Mann, und einer von ihnen fragte ihn: »Würden Sie uns von Lady Ruth erzählen, die in dem weißen Haus dort auf dem Hügel wohnt?«

Und der alte Mann hob den Kopf und lächelte sie an und sagte: »Ich bin neunzig Jahre alt, und ich erinnere mich an Lady Ruth, da war ich noch ein Junge. Lady Ruth aber starb vor achtzig Jahren, und das Haus steht seitdem leer. Manchmal schreien die Eulen darin, und die Leute sagen, dass es dort spukt.«

DIE MAUS UND DIE KATZE

Eines Abends traf ein Dichter einen Bauern. Der Dichter war abweisend und der Bauer schüchtern, dennoch unterhielten sie sich.

Und der Bauer sagte: »Ich möchte dir eine kleine Geschichte erzählen, die ich neulich gehört habe: Eine Maus geriet in eine Falle, und während sie glücklich den Käse aß, der darin lag, stand neben ihr eine Katze. Die Maus zitterte eine Weile, wusste aber, dass sie in der Falle sicher war.

Da sagte die Katze: ›Du isst dein letztes Mahl, mein Freund.‹

›Ja‹, antwortete die Maus, ›ich habe ja auch nur ein Leben und nur einen Tod. Doch was ist mit dir? Ich habe gehört, du hättest neun Leben. Heißt das nicht, dass du auch neun Mal sterben musst?‹«

Und der Bauer sah den Dichter an und sagte: »Ist das nicht eine seltsame Geschichte?«

Aber der Dichter antwortete nicht, sondern ging fort und dachte bei sich: »Natürlich haben wir neun Leben, wir haben ganz sicher neun Leben. Und wir werden neun Mal sterben, neun Mal werden wir sterben. Vielleicht wäre es besser, nur ein Leben zu haben und in einer Falle gefangen zu sein – das Leben eines Bauern mit ein bisschen Käse für sein letztes Mahl. Aber sind wir denn nicht mit den Löwen der Wüste und des Dschungels verwandt?«

DER FLUCH

Ein alter Seemann erzählte mir einmal: »Es ist dreißig Jahre her, da lief ein Matrose mit meiner Tochter davon. Und ich habe sie beide aus tiefster Seele verflucht, denn ich liebte meine Tochter über alles in der Welt.

Es dauerte nicht lange, da sank der junge Matrose mit seinem Schiff bis auf den Meeresgrund, und so verlor ich auch meine reizende Tochter.

Betrachte mich also ruhig als den Mörder eines Jünglings und eines Mädchens. Es war mein Fluch, der sie zerstört hat. Und jetzt, da meine Tage gezählt sind, suche ich nach Gottes Vergebung.«

Das waren die Worte des alten Mannes. Doch es lag etwas Prahlerisches in seiner Stimme, und es schien, als sei er immer noch stolz auf die Macht seines Fluchs.

DIE GRANATÄPFEL

Einst lebte ein Mann, der hatte in seinem Garten viele Granatapfelbäume. Und Herbst für Herbst legte er seine Granatäpfel auf silbernen Tabletts vor sein Haus und stellte Schilder daneben, auf die er mit eigener Hand geschrieben hatte: »Umsonst. Bitte bedienen Sie sich.«

Aber die Leute gingen einfach vorbei, und keiner nahm von den Früchten.

Da überlegte der Mann eine Weile und stellte im nächsten Herbst keine Granatäpfel auf silbernen Tabletts mehr vor sein Haus, sondern errichtete eine Tafel, auf der in großen Buchstaben stand: »Hier gibt es die besten Granatäpfel im ganzen Land, allerdings kosten sie auch mehr als alle anderen.«

Und siehe da, aus der ganzen Nachbarschaft strömten die Leute herbei und kauften.

GOTT UND VIELE GÖTTER

In der Stadt Kilafis stand ein Sophist auf den Stufen des Tempels und predigte die Vielgötterei. Und die Leute sagten zu sich: »Wir wissen das alles. Diese Götter leben doch mit uns und folgen uns überallhin.«

Nicht lange danach stand ein anderer Mann auf dem Marktplatz und sprach zu den Leuten und sagte: »Es gibt keinen Gott.« Und viele, die ihn hörten, waren ob seiner Botschaft sehr froh, denn sie fürchteten die Götter.

Und an einem anderen Tag kam ein Mann von großer Beredsamkeit, und er sagte: »Es gibt nur einen Gott.« Und die Leute waren bestürzt, denn tief im Herzen fürchteten sie die Strafe eines Gottes mehr als die von vielen Göttern.

Und zur selben Zeit kam noch ein weiterer Mann, und er sagte zu den Leuten: »Es gibt drei Götter, und sie wohnen im Wind, als wären sie einer, und sie haben eine große, barmherzige Mutter, die zugleich ihre Frau und ihre Schwester ist.«

Da waren alle zufrieden, denn sie sagten sich im Stillen: »Drei Götter in einem werden sich über unsere Verfehlungen uneinig sein, und ihre barmherzige Mutter wird in unserer Schwäche bestimmt für uns eintreten.«

Und bis auf den heutigen Tag gibt es Menschen in der Stadt Kilafis, die über viele Götter und keinen Gott, über einen Gott und drei in einem und die barmherzige Mutter der Götter miteinander streiten und zanken.

DIE TAUBE EHEFRAU

Es lebte einst ein reicher Mann, der hatte eine junge Frau, und diese Frau war stocktaub.

Und eines Morgens, als sie zu Tisch saßen, sprach sie ihn an und sagte: »Gestern war ich auf dem Markt, dort lagen seidene Kleider aus Damaskus und Mäntel aus Indien, Halsketten aus Persien und Armbänder aus Yamman. Es schien, als hätten die Karawanen diese Dinge gerade erst in unsere Stadt gebracht. Und jetzt sieh mich an, in Lumpen, aber die Frau eines reichen Mannes. Ich will ein paar von diesen schönen Dingen haben.«

Ihr Mann, der gerade noch seinen Kaffee trank, erwiderte: »Meine Liebe, nichts hält dich davon ab, hinunter auf die Straße zu gehen und dir alles zu kaufen, was dein Herz begehrt.«

Und die taube Frau sagte: »›Nein!‹ Du sagst immer nur: ›Nein.‹ Muss ich denn vor deinen Freunden unbedingt in Fetzen erscheinen und somit Schande über deinen Reichtum und mein Volk bringen?«

Und der Mann sagte: »Ich habe nicht ›Nein‹ gesagt. Niemand hindert dich daran, auf den Marktplatz zu gehen und die schönsten Gewänder und Schmuckstücke zu kaufen, die es in dieser Stadt gibt.«

Doch abermals missdeutete die Frau seine Worte und antwortete: »Von allen reichen Männern bist du der allergeizigste. Du würdest mir alles verweigern, was Schönheit und Liebreiz besitzt, während andere Frauen in meinem Alter in kostbaren Gewändern durch die Gärten dieser Stadt gehen.«

Und sie begann zu weinen. Und während ihr die Tränen auf die Brust fielen, rief sie noch einmal: »Immer sagst du ›Nein‹ zu mir, wenn ich ein Kleid oder Schmuckstück möchte.«

Da war der Mann gerührt, stand auf und nahm eine Handvoll Gold aus seinem Beutel, legte es vor sie hin und sagte mit freundlicher Stimme: »Geh hinunter auf den Marktplatz, meine Geliebte, und kaufe alles, was du willst.«

Von diesem Tag an trat die junge Frau, wann immer sie einen Wunsch hatte, mit einer perlengleichen Träne im Auge vor ihren Mann, und schweigend nahm er eine Handvoll Gold und legte es ihr in den Schoß.

Dann aber geschah es, dass die junge Frau sich in einen Jüngling verliebte, dessen Gewohnheit es war, ausgedehnte Reisen zu unternehmen. Und wann immer er fort war, saß sie an ihrem Fenster und weinte.

Als ihr Mann sie weinen sah, dachte er still: »Da ist sicher wieder eine neue Karawane in der Stadt und auf den Straßen gibt es seidene Kleider und seltenen Schmuck.«

Und er nahm eine Handvoll Gold und legte es vor sie hin.

DIE SUCHE

Vor tausend Jahren trafen sich in einer Senke im Libanon zwei Philosophen, und der eine sagte zum anderen: »Wohin gehst du?«

Und der andere antwortete: »Ich suche die Quelle der Jugend, von der ich weiß, dass sie in diesen Hügeln entspringt. Ich habe Schriften gefunden, die von dieser Quelle erzählen, die der Sonne entgegenblüht. Und du, wonach suchst du?«

Der erste Mann antwortete: »Ich suche nach dem Geheimnis des Todes.«

Da begriff jeder für sich, dass die große Wissenschaft des jeweils anderen unzureichend war, und sie begannen, miteinander zu streiten und sich gegenseitig geistige Verblendung vorzuwerfen.

Doch während die beiden Philosophen ihre Worte in den Wind schleuderten, kam ein Fremder vorbei, ein Mann, der in seinem Dorf für einen Simpel galt, und als er hörte, wie die zwei sich heftig stritten, blieb er eine Weile stehen und lauschte ihrem Wortgefecht.

Dann trat er auf sie zu und sagte: »Ihr redlichen Streiter, mir scheint, als würdet ihr beide eigentlich der gleichen philosophischen Schule angehören und von der gleichen Sache sprechen, nur dass ihr in anderen Worten sprecht. Einer von euch sucht die Quelle der Jugend und der andere das Geheimnis des Todes. Beide aber sind im Grunde eins, und als eines leben sie in euch beiden.«

Dann wandte sich der Fremde ab und sagte: »Lebt wohl, ihr Weisen.« Und während er sich entfernte, lachte er ein geduldiges Lachen.

Die beiden Philosophen sahen sich einen Moment lang schweigend an, dann lachten auch sie. Und einer von ihnen sagte: »Also gut. Warum gehen wir nicht los und suchen gemeinsam?«

DAS ZEPTER

Einst sagte ein König zu seiner Frau: »Gnädige Frau, Ihr seid nicht wirklich eine Königin. Ihr seid zu gewöhnlich und zu unbeholfen, um meine Frau zu sein.«

Da antwortete sie: »Gnädiger Herr, Ihr haltet Euch für einen König, aber in Wahrheit seid Ihr nur ein armer Wicht.«

Doch diese Worte ärgerten den König, und er griff nach seinem goldenen Zepter und schlug es der Königin an die Stirn.

In diesem Moment trat der Kämmerer ein, und er sagte: »Majestät! Dieses Zepter wurde vom größten Künstler des Landes gefertigt. O weh! Eines Tages werdet Ihr und die Königin vergessen sein, doch dieses Zepter wird man bewahren und von Generation zu Generation seine Schönheit bewundern. Jetzt, Majestät, da Ihr es mit Blut vom Kopf der Königin befleckt habt, wird man das Zepter umso höher achten und sein Andenken umso stärker bewahren.«

DER WEG

Einst lebte in den Bergen eine Frau mit ihrem Sohn, und er war ihr erstgeborenes und ihr einziges Kind.

Da starb der Junge am Fieber, während der Arzt danebenstand.

Und die Mutter war außer sich vor Schmerz, schrie und flehte den Arzt an: »Sagen Sie mir, so sagen Sie mir doch, was hat sein Streben erstickt und sein Singen zum Schweigen gebracht?«

Und der Arzt antwortete: »Es war das Fieber.«

Und die Mutter fragte: »Was ist das Fieber?«

Und der Arzt erwiderte: »Ich kann es nicht erklären. Es ist etwas unendlich Kleines, das in den Körper eindringt. Wir können es mit unseren Augen nicht sehen.«

Dann ging der Arzt von ihr fort. Und sie wiederholte und wiederholte: »Etwas unendlich Kleines. Wir können es mit unseren Augen nicht sehen.«

Und am Abend kam der Priester zu ihr, um sie zu trösten. Und sie weinte und schrie: »Oh, warum hab ich meinen Sohn verloren, meinen einzigen Sohn, meinen Erstgeborenen?«

Und der Priester antwortete: »Es ist der Wille Gottes, mein Kind.«

Und die Frau sagte: »Was ist Gott, und wo ist Gott? Ich will Gott sehen, um mir vor ihm die Brust zu zerreißen und mein Herzblut vor ihm zu vergießen. Sag mir, wo ich ihn finde.«

Und der Priester sagte: »Gott ist unermesslich. Er ist mit menschlichem Auge nicht zu erkennen.«

Da schrie die Frau: »Das unendlich Kleine hat durch den Willen des unendlich Großen meinen Sohn getötet! Was also sind wir? Was sind wir?«

In diesem Moment betrat die Mutter der Frau das Zimmer mit einem Leichentuch für den Sohn, und sie hörte die Worte des Priesters und auch den Schrei ihrer Tochter. Und sie legte das Leichentuch nieder, nahm die Hand ihrer Tochter und sagte: »Wir selbst sind das unendlich Kleine und das unendlich Große, meine Tochter. Und wir sind der Weg vom einen zum andern.«

DER WAL UND DER SCHMETTERLING

Eines Abends trafen ein Mann und eine Frau in einer Postkutsche zusammen. Sie kannten sich.

Der Mann war ein Dichter, und während er neben ihr saß, versuchte er, sie mit Geschichten zu erheitern. Einige stammten von ihm selbst, andere nicht.

Doch während er sprach und erzählte, fielen der Dame die Augen zu. Da fing die Kutsche plötzlich an zu ruckeln, und sie erwachte und sagte: »Ich bewundere Ihre Auslegung der Geschichte von Jona und dem Wal.«

Und der Dichter antwortete: »Aber gnädige Frau, die Geschichte, die ich Ihnen gerade erzählt habe, stammt von mir, und sie handelt von einem Schmetterling und einer weißen Rose und wie sich gegeneinander verhielten!«

ANSTECKENDER FRIEDEN

Einst sprach ein Blütenzweig zum nächsten: »Dies ist ein träger, leerer Tag.« Und der andere Blütenzweig antwortete: »Er ist tatsächlich leer und träge.«

In diesem Moment setzte sich ein Spatz auf einen der Zweige, und dann ein zweiter Spatz direkt daneben.

Und einer der Spatzen piepste und sagte: »Meine Frau hat mich verlassen.«

Und der zweite Spatz rief: »Meine Frau ist ebenfalls fort, und sie kehrt nicht mehr zurück. Aber was kümmert mich das?«

Dann begannen die beiden Vögel aufgeregt zu zwitschern und zu keifen, und bald stritten sie heftig und stießen gellende Schreie in die Luft.

Da segelten plötzlich zwei weitere Spatzen aus dem Himmel herab und setzten sich leise neben die aufgebrachten anderen. Und es war Ruhe, und es war Frieden.

Dann flogen alle vier in Paaren davon.

Da sagte der erste Zweig zum nächsten: »Das war ein mächtiges Zetern und Lärmen.« Und der andere

Zweig antwortete: »Nenn es, wie du willst, jetzt ist es friedlich, und wir haben Platz. Und wenn die höheren Regionen Frieden schließen, dann, scheint mir, können auch die, die in den niederen wohnen, Frieden miteinander schließen. Willst du nicht im Wind ein wenig näher zu mir herüberwehen?«

Und der erste Blütenzweig sagte: »O ja, vielleicht, und sei es dem Frieden zuliebe, bevor der Frühling vorbei ist.«

Und dann schwang er hinüber im kräftigen Wind, in die Umarmung.

DER SCHATTEN

Eines Tages im Juni sagte das Gras zum Schatten einer Ulme: »Du bewegst dich viel zu oft nach rechts und links, und du störst meine Ruhe.«

Und der Schatten antwortete und sagte: »Nicht ich, nicht ich. Sieh in den Himmel. Dort steht ein Baum, der sich im Wind von Ost nach West bewegt, zwischen der Sonne und der Erde.«

Und das Gras sah auf und bemerkte zum ersten Mal den Baum. Und es sagte im Stillen zu sich: »Sieh an, dort steht ein größeres Gras als ich.«

Und das Gras fiel in Schweigen.

SIEBZIG

Der junge Dichter sprach zur Fürstin: »Ich liebe dich.« Und die Fürstin erwiderte: »Und ich liebe dich auch, mein Kind.«

»Aber ich bin nicht dein Kind. Ich bin ein Mann, und ich liebe dich.«

Und sie sagte: »Ich bin die Mutter von Söhnen und Töchtern, und die sind wiederum Väter und Mütter von Söhnen und Töchtern. Und einer der Söhne meiner Söhne ist älter als du.«

Und der junge Dichter sagte: »Aber ich liebe dich.«

Kurz darauf lag die Fürstin im Sterben. Doch ehe der große Odem der Erde ihren letzten Atemzug wieder in sich aufnahm, sagte sie zu sich im Stillen: »Mein geliebter, mein einziger Sohn, mein jugendlicher Dichter, es kann immer noch sein, dass wir uns eines Tages wiedersehen und ich nicht schon siebzig bin.«

GOTT FINDEN

Zwei Männer durchschritten ein Tal, und der eine Mann zeigte mit dem Finger auf die Bergwand und sagte: »Siehst du die Klause? Dort lebt ein Mann, der sich von der Welt schon lange gelöst hat. Er sucht nur Gott und nichts anderes auf dieser Welt.«

Und der andere Mann sagte: »Er wird Gott nicht finden, bis er seine Klause und die Einsamkeit seiner Klause verlässt und in unsere Welt zurückkehrt, um unseren Schmerz und unsere Freude zu teilen, auf der Hochzeit mit unseren Tänzern zu tanzen und mit jenen zu weinen, die ihre Tränen an den Särgen unserer Toten vergießen.«

Und der andere Mann war tief im Herzen überzeugt, obwohl er gegen seine Überzeugung erwiderte: »Ich stimme dir in allem zu, dennoch glaube ich, dass der Klausner ein guter Mensch ist. Und wäre es nicht durchaus möglich, dass ein guter Mensch durch seine Abwesenheit mehr Gutes erreicht als die scheinbare Güte all dieser vielen?«

DER FLUSS

Im Tal von Kadisha, durch das der mächtige Fluss fließt, trafen sich zwei kleine Bäche und sprachen miteinander.

Der eine Bach sagte: »Woher kommst du, mein Freund, und wie war dein Weg?«

Und der andere antwortete: »Mein Weg war voller Hindernisse. Das Mühlrad war gebrochen, und der Großbauer, der mich früher vom Kanal zu seinen Pflanzen gelenkt hat, ist tot. Ich kämpfte mich durch und sickerte durch den Schmutz derer, die nichts tun, als herumzusitzen und ihre Faulheit in der Sonne zu braten. Doch wie war dein Weg, mein Bruder?«

Und der andere Bach antwortete und sagte: »Mein Weg war anders. Ich plätscherte die Hügel hinunter durch duftende Blumen und schüchterne Weiden. Männer und Frauen tranken aus silbernen Bechern von meinem Wasser, und kleine Kinder plantschten mit ihren rosigen Füßen an meinen Ufern, und um mich herum war überall Lachen und süße Lieder erklangen. Wie schade, dass dein Weg nicht ebenso glücklich war.«

In diesem Augenblick sprach der Fluss mit lauter Stimme und sagte: »Kommt zu mir, kommt zu mir, wir fließen ins Meer. Kommt zu mir, kommt zu mir und sprecht nun nicht mehr. Schließt euch mir an. Wir fließen ins Meer. Kommt zu mir, kommt zu mir, denn in mir vergesst ihr, was auf euren Reisen geschah, ob traurig, ob froh. Kommt zur mir, kommt zu mir. Und wir alle wollen all unsere Wege vergessen, wenn wir das Herz unserer Mutter erreichen, unserer Mutter, der See.«

DIE ZWEI JÄGER

An einem Tag im Mai trafen sich am Ufer eines Sees die Freude und das Leid. Sie begrüßten sich und setzten sich nahe am ruhigen Wasser nieder und sprachen.

Die Freude sprach von der Schönheit, die auf dieser Erde weilt, und über die täglichen Wunder des Lebens im Wald und in den Bergen und über die Lieder, die beim Aufgang der Sonne und in den Abendstunden zu hören sind.

Dann sprach auch das Leid und stimmte allem zu, was die Freude gesagt hatte, denn das Leid wusste von der Magie dieser Zeit und ihrer Schönheit. Und das Leid sprach sehr beredt vom Mai in den Feldern und in den Bergen.

Und die Freude und das Leid redeten lange miteinander, und über alle Dinge, von denen sie wussten, waren sie einer Meinung.

Da schlichen auf der anderen Seite des Sees zwei Jäger vorüber. Und als sie über den See sahen, sagte der eine von ihnen: »Ich möchte zu gerne wissen, wer die zwei Gestalten dort sind.« Und der andere sagte: »Hast du zwei gesagt? Ich sehe nur eine.«

Da sagte der erste Jäger: »Es sind aber zwei.« Und der zweite erwiderte: »Ich kann nur eine erkennen, da ist auch nur ein Spiegelbild im Wasser.«

»Nein, da sind zwei«, sagte der erste Jäger, »und auf dem glatten Wasser dort spiegeln sich zwei Gestalten.«

Doch der zweite Mann sagte noch einmal: »Ich sehe wirklich nur eine.« Und wieder sagte der andere: »Aber ich sehe eindeutig zwei.«

Und bis auf den heutigen Tag behauptet der eine Jäger, dass der andere doppelt sehe, während der andere sagt: »Mein Freund ist etwas blind.«

DER ANDERE WANDERER

Einmal traf ich einen anderen Mann der Straße. Auch er war ein bisschen verrückt, und er sagte zu mir: »Ich bin ein Wanderer. Und oftmals sieht es so aus, als bewegte ich mich auf der Erde unter Zwergen. Und weil mein Kopf etwa siebzig Ellen weiter vom Boden entfernt ist als ihrer, denkt er höhere und freiere Gedanken.

Aber in Wahrheit bewege ich mich gar nicht inmitten der Menschen, sondern gehe über ihnen, und alles, was sie von mir sehen können, sind meine Fußspuren auf ihren weiten Feldern.

Und ich habe häufig gehört, wie sie sich über Form und Größe meiner Fußabdrücke unterhielten und sich stritten. Denn es gibt manche, die sagen: ›Dies sind die Spuren eines Mammuts, das in ferner Vergangenheit die Erde durchstreifte.‹ Und andere sagen: ›Nein, an diesen Stellen sind Meteore von fernen Gestirnen herabgestürzt.‹

Du aber, mein Freund, weißt ganz genau, es sind nur die Spuren eines Wanderers.«